人性的弱点

How To Win Friends and Influence People

(美)戴尔·卡耐基◎著 吴 伟◎主编

山东人民出版社

国家一级出版社 全国百佳图书出版单位

图书在版编目（CIP）数据

人性的弱点/（美）戴尔·卡耐基著；吴伟主编.--
济南：山东人民出版社，2019.7（2024.5重印）
ISBN 978-7-209-12173-6

Ⅰ.①人… Ⅱ.①戴… ②吴… Ⅲ.①心理交往-通
俗读物 Ⅳ.①C912.11-49

中国版本图书馆CIP数据核字(2019)第151807号

人性的弱点

RENXING DE RUODIAN

（美）戴尔·卡耐基 著 吴 伟 主编

主管单位 山东出版传媒股份有限公司
出版发行 山东人民出版社
出 版 人 胡长青
社　　址 济南市市中区舜耕路517号
邮　　编 250003
电　　话 总编室（0531）82098914
　　　　 市场部（0531）82098027
网　　址 http://www.sd-book.com.cn
印　　装 三河市金兆印刷装订有限公司
经　　销 新华书店

规　　格 32开（880mm×1230mm）
印　　张 5
字　　数 103千字
版　　次 2019年8月第1版
印　　次 2024年5月第4次
ISBN 978-7-209-12173-6
定　　价 39.80元
如有印装质量问题，请与出版社总编室联系调换。

目 录

序言

　　《人性的弱点》是卡耐基最成功的名著之一，自问世以来曾接连多次再版。这是为什么呢？因为卡耐基为人处世的哲学已经得到了公众的认可。目前中国处于经济高速发展、社会快速转型时期，每个人都面临机遇与挑战并存的境况，借鉴卡耐基的成功经历，汲取卡耐基哲学的丰富营养，我们就能在人生的道路上少走很多弯路。

　　戴尔·卡耐基出生于密苏里州的一个村庄。年轻的时候，他家境困窘，厄运不断，最后银行逼上门来，要把卡耐基一家赶出家门。卡耐基的父亲只好卖掉农场，举家迁到了密苏里州华伦斯堡州立师范学校附近，并购置了一个农场。卡耐基付不起在镇上居住的花销，每天都要回农场住，第二天早上再骑马上学。回家后，他要挤牛奶、伐木、喂猪，晚上则在油灯下学习拉丁文，直到困得眼睛睁不开为止。在全校的 600 名学生中，卡耐基是当时五六个不住在镇上的学生之一。他穷得只能穿一件很紧很小的衣服，裤子也很短，这使他感到羞耻，并产生了自卑心理。在 12 岁之前，卡耐基从来都没有见过电车，可是后来，他的影响遍及了全世界。这个乡下男孩当年曾帮别人摘草莓、割野草，每个小时才挣 5 美分；然而 12 年之后，他对那些大公司的高级职员进行培训，一分钟的报酬高达 1 美元。

卡耐基这个从小村庄里走出来的年轻人，最后成为"美国成人教育之父"，他的经历很值得我们学习、思考。卡耐基在编写这本书的时候，已经感受到了美国社会在为人处世方面教育的缺乏。

该书出版后，在美国立即引起了轰动，许多父母买来送给在学校读书的子女，公司老板买来送给员工，甚至总统候选人也大量买来送给选民，无数的教师、传教士和商界高级管理人士在演说中也常常提及这本书。之后不久，这本书风靡全球，先后被译成几十种文字。

在翻译这本书的过程中，我们力求忠实原文，尽量把作者本来的意图准确传达出来。当然，书中难免存在翻译不当的地方，请广大读者加以指正。

人际交往的基本技巧

HOW TO WIN FRIENDS AND
INFLUENCE PEOPLE & HOW TO STOP
WORRYING AND START LIVING

1. 如果想采蜂蜜，就不要捅蜂窝

> 一个人无论做错了什么，无论他的错误有多么的严重，百分之九十九的人都不会责怪自己。

1931 年 5 月 7 日，纽约市警察局有史以来最大范围的追捕行动达到了最高潮。经过数周的调查，"双枪"克劳尔——这个既不抽烟也不酗酒的杀手，陷入了重围，被困在了西尾街其女友的公寓里。

150 多名警察和侦探在他藏身之处设下埋伏，并在公寓屋顶上凿了一个洞，试图用催泪瓦斯把这个杀手给逼出来。同时，他们还在四周的建筑物屋顶上架设了机关枪。这个被誉为纽约市居住环境最优美的小区在接下来的一个多小时里枪声不断。克劳尔躲在一个堆满杂物的扶手椅后面朝警察射击。超过十万民众在街上惊恐万分地目睹了这次枪战。在此之前，纽约市从来都没有出现过这样惊险的场景。

当克劳尔被捕后，警察局长官 E. P. 马罗尼宣称这位暴徒是纽约有史以来最危险的罪犯之一。"他会因为极其微小的一点事而大开杀戒。"警长说道。

但是，"双枪"克劳尔是怎么看待他自己的呢？我们了解到，在和警察激烈交火的时候，他竟抽空写了一封公开信，从伤口涌出来的血还染红了信纸。克劳尔在信中写道："在我的身躯下隐藏着一颗疲惫的心，但这是一颗善良的心———一颗绝不会伤害任何人的心。"

然而事实是，不久之前，克劳尔驾着车，和他的女朋友在长岛的乡间公路上调情。一名警察走上前，请他们出示驾驶执照。

克劳尔二话不说，直接拔枪朝这名警察连开数枪。警察应声倒下，克劳尔跳出车来，捡起了这名警察的左轮手枪，又对着他的尸体连开了几枪。就是这样的一个人，却还口口声声说"不会伤害任何人"。

克劳尔被判了电刑。在被押送到星星监狱的死刑房后，他居然说："这就是自卫的代价？这难道就是我为了捍卫自己的权利所付出的代价？"

这个故事试图说明的是："双枪"克劳尔一点都不为他自己犯下的滔天罪行感到后悔。

这种态度在罪犯中很少见吗？如果你认为是的话，请继续看下面的这个故事。

"我把一生中最好的时光都奉献给了别人，让别人过上了更好的生活，但是我所得到的只有耻辱和追捕。"

这就是奥·卡本说的话。他就是美国的全民公敌——最邪恶的黑帮首领，曾经横行于芝加哥等地。然而，卡本却从来都不思悔改。实际上，他总是认为自己是一个慈善家——一个被误解了的公共慈善家。

荷兰人苏尔兹是纽约最臭名昭著的歹徒之一，他最终死在其他黑帮歹徒的枪口下。死前，他也认为自己是一个公众慈善家、大好人。有一次，一家报纸采访他，他居然厚颜无耻地宣称自己是一名热心的慈善家，而且对此深信不疑。

刘易斯·罗斯是纽约星星监狱的监狱长，我曾写信与他探讨过这个问题。我们的通信颇有意思，关于这点，他回信说，在星星监狱里，几乎没有罪犯认为自己是有罪的。他们就像普通人一样，会为自己的罪行辩解、开脱。他们泰然自若地告诉你为什么他会开枪，为什么会撬开别人的保险柜。他们中的大多数人都试图通过荒谬的逻辑来为他们的反社会行为辩解，并且最后都坚持认为自己不应该被关进监狱。

如果奥·卡本、"双枪"克劳尔、苏尔兹，还有监狱高墙内的那些狂徒一点也不为自己的行为感到后悔，那么我们日常所接触的那些人又是否会为他们的错误而忏悔呢？

约翰·瓦纳马克是瓦纳马克连锁店的创始人。他曾说道："30年前，我就了解到批评别人是件很愚蠢的事。我并不埋怨上帝在分配我们智慧时的不公平，因为我们要克服自身的缺陷已经非常困难了，当然更没有时间去埋怨上帝。"

瓦纳马克很早就意识到了这一点，但是我在这个冷漠的世间

独自摸索了三十载，才领悟到这个道理：一个人无论做错了什么，无论他的错误有多么的严重，百分之九十九的人都不会责怪自己。

批评毫无作用，它会让被批评的人处于一种自我保护的状态，竭尽全力地为自己的错误辩解。批评也是很危险的，它会伤害到一个人宝贵的自尊，伤害到一个人的自重感，最终激起怨恨。

一位世界著名的心理学家 B. F. 斯丁尔通过他的实验证明：动物对那些它们认为是正确的行为的学习会十分迅速，而且记得更牢固。这远比通过惩罚它们的错误行为来教育它们更为迅速有效。这个实验的结果同样运用到人的身上。受到批评后，人们一般不会改变旧有习惯，反而会激起怨恨和不满。

汉斯·瑟勒，另一位伟大的心理学家，曾经这样说过："人们厌恶批评就如同渴望认可一样。"

批评带来的怨恨会打击员工的积极性，影响你和家人、朋友的感情。同时，你所批评的境况仍然得不到改善。

俄克拉荷马州的乔治·约翰顿是一家建筑工程公司的安全协调员，他的职责之一就是监督员工戴好安全帽。以前，当他看到员工在工地上没有戴安全帽时，就会上前强调一大堆规章制度，再命令员工戴好安全帽。通常的情形是，员工会极不情愿地戴上安全帽，但是当他走后，他们又会把帽子摘下来。

于是，约翰顿决定采取另一种方法。一次，他遇到一些没有戴安全帽的员工，于是，他走上前亲切地询问这些员工戴安全帽子是否舒服，大小是否合适。接着，他用一种关切的语调提醒这些员工，安全帽是用来保护他们的，所以建议他们在工地上最好还是戴好安全帽。结果越来越多的员工愿意配合他的工作，而埋怨和不耐烦的抵触情绪也大大减少。

如果你稍微翻翻历史文献，就会发现这种例子早已经司空见惯了。就以西奥多·罗斯福和塔夫脱两位共和党总统之间的争吵为例，正是这次争吵削弱了共和党的力量，反而帮助民主党的伍德罗·威尔逊入主白宫，从而使美国在第一次世界大战中写下了光辉灿烂的一笔。让我们再一起来看看事情的经过吧。

1908 年，西奥多·罗斯福即将卸任，他打算支持塔夫脱竞选总统。之后，塔夫脱成功当选，而罗斯福则去非洲打猎。当罗斯福返回后，却发现塔夫脱的各项政策远远偏离了他的既定政策，这让他十分生气。他严厉批评了塔夫脱总统的保守政策，并决定再次竞选总统。为了第三次当选总统，罗斯福组建了国家进步党。在这次选举中，塔夫脱领导的共和党只拿下了两个州——佛蒙特州和犹他州，这是共和党历史上最惨烈的挫败。

西奥多·罗斯福对塔夫脱横加指责，但是塔夫脱总统接受了吗？当然没有。他眼里含着泪水，委屈地说："我真不明白要怎么做才能让他满意。"

那应该责怪谁呢？是罗斯福还是塔夫脱？坦白地说，我不知道，我也不关心。我想说的是，西奥多·罗斯福把所有的责任都推到塔夫脱的身上，结果只会适得其反，反而让塔夫脱更努力地去为自己辩解，委屈地含着眼泪说："我真不明白要怎么做才能让他满意。"

我们再来看看"茶壶盖石油"丑闻案。在 20 世纪 20 年代，

这起案件引起了新闻界极大的轰动，它震惊了全美。在人们的记忆中，美国的政治生活里从来都没有过如此黑暗的事情。以下便是这起丑闻的真相：

阿拉伯·福尔是哈丁政府的内政部长，负责埃里克山丘和茶壶盖地区油田的出租——这块油田是供日后美国海军陆战队使用的。按照惯例，油田出租应该进行公开招标，而福尔部长进行了公开竞标吗？没有。他从中牟利，私底下就把这份竞标合同给了他的朋友爱德华·唐亨利。而唐亨利做了什么呢？他给了福尔部长10万美元的"好处费"。接下来，通过一系列的高压手段，福尔部长命令美国海军陆战队赶走其他有意来竞标的竞争者。这些合法竞争者在海军陆战队的威逼之下，不得不放弃。最后，他们只好把福尔告上了法庭，使"茶壶盖石油"舞弊案的丑闻彻底曝光。这则丑闻的曝光直接导致了哈丁政府的倒台，激起了全美强烈的抗议，同时也削弱了共和党的实力，最终给阿拉伯·福尔带来了牢狱之灾。

福尔受到了各界人士的严厉谴责——政治界中从未有一位部长遭受过如此严厉的谴责。那么，他对自己的行为感到后悔了吗？一点都没有！

多年之后，胡佛总统在一次公共演讲中提到，哈丁总统晚年死于精神颓废和焦虑症，并暗示这些都是被朋友出卖造成的。福尔夫人听到这些话后，一下子从椅子上跳了起来，号啕大哭，挥舞着拳头尖叫道："什么？福尔背叛了哈丁？不，决不！我的丈夫从来都没有背叛过任何人。即使这间屋子堆满了黄金也不能证明我丈夫做错了什么。我的丈夫是被人冤枉的，他才是被人出卖的受害者!"

你看，这就是人类的本性。就算谴责完地球上所有人之后，也不会怪罪到自己身上，人人如此。所以，当你打算批评别人时，请想想奥·卡本、"双枪"克劳尔，还有阿拉伯·福尔。其实，批评就像家养的鸽子，总会回到它们出发的地方。我们应该清醒地认识到，那些被批评的人总会为自己辩解，然后转而来谴责我们；或者就像塔夫脱那样，含着眼泪说道："我真不明白要怎么做才能让他满意。"

1865 年 4 月 15 日的早晨，亚伯拉罕·林肯奄奄一息地躺在福尔特剧场对面一家简陋的公寓里。不久前，林肯遭到暗杀，凶手是约翰·威尔克斯·布什。林肯瘦长的身躯躺在一张小床上。一幅露丝·伯纳恩的名画《马市》的复制品悬挂在墙上，一盏煤油灯发出昏黄惨淡的光。

陆军部长史丹顿说："躺在这里的，是世界上从未有过的、人类最完美的元首。"

林肯为何能得到如此高的评价？他成功处理人际关系的秘密又是什么呢？我花了整整 10 年研究了亚伯拉罕·林肯的一生，又花了 3 年时间撰写了《林肯总统不为人知的一面》一书。我相信我已对亚伯拉罕·林肯的性格及家庭生活有了一个较为详细、全面、透彻的了解，尤其是他的为人处世之道。

林肯总统很喜欢批评别人吗？是的。在印第安纳州的鸽溪谷时，作为一个年轻人，他不仅仅喜欢批评别人，还喜欢写一些讽

刺别人的信扔在那些人必经的路上，其中一封信居然让对方怨恨了他一辈子。

林肯成为伊利诺伊州的一名正式律师后，仍然会在当地报纸上公然批评对手——就这样，他一次次地批评、讽刺他的对手。

1842 年的秋天，林肯表了一封匿名信，讽刺一名夸夸其谈、狂妄的政客，这使整个小镇一片哗然。这位政客名叫詹姆斯·谢尔兹，是一个敏感、傲慢的人。当他查出是林肯写的这封信后，便骑上马，到处寻找林肯，坚持要与之决一生死。而林肯并不想决斗，他原本就反对这种野蛮的解决问题的方式，但是如果不决斗就脱不了身，而且自己的名誉也会受到损害。最后双方商定，林肯可以选择武器进行决斗。因为林肯的手臂很长，曾经跟一位西点军校的毕业生学习过剑术，于是他选择了骑兵配用的长剑。到约定决斗的那一天，二人在密西西比河边的一块沙地上碰面，准备决一生死。幸好在即将决斗的最后时刻，一同前来的朋友及时阻止了这场决斗。

这是林肯一生中遇到的最难堪的一件事。这使他在为人处世方面学到了宝贵的经验。之后，他再也没有写过诋毁别人的信件，再也没有讽刺过别人，他基本上不会再因任何事去批评别人。

美国南北战争期间，林肯统领北方部队与南方的军队作战。他在波托马克河任命麦克莱伦、波普、波恩基、胡克、梅德等人担任部队的将军。后来这些将军带领的队伍相继惨败，这让林肯很懊悔，而且也招致了国人的谴责，很多人认为那些人不能胜任将军一职。但是林肯始终不做任何表态，只是说："不要恶意批评别人，要善待他人。"他最喜欢的一句名言就是："不要评论别人，免得你们被别人评论。"

当林肯夫人和其他说客激烈地抨击南方人时，林肯说道："请不要再批评他们了，要是在同样的情境下，我们也会做出相同的事。"

如果说谁最有资格在批评别人这个问题上发表言论的话，那这个人肯定就是林肯。

1863 年 7 月的前三天，葛底斯堡战役打得如火如荼。一天晚上，暴风雨倾盆而至，南方李将军的部队不得不向南撤退，溃散的军队被逼到了波托马克河，李将军发现摆在他们面前的是一条根本无法穿越的激流，而北方军队则在后面穷追不舍。这对北方军队是天赐良机——一个俘虏李将军、立即结束战争的绝佳机会。林肯命令梅德将军不要遵循战争委员会的意见，直接攻击李将军的军队。林肯先是用电报传达了他的命令，接着又手写了一份特别指令给梅德，命令他立即展开行动。

可是梅德将军恰恰做了林肯再三叮嘱他千万不要做的事，他违背了林肯的命令，去征询战争委员会的意见，最终没有突击李将军的军队，使其顺利地逃脱了追击。

林肯暴怒了，"他这是什么意思？"林肯朝他的儿子罗伯特吼道，"上帝啊！他这么做是什么意思？我们已经控制住了全局。我们只需要一伸手就能打倒他们了。但是，无论我说什么、做什么，我的部队却不肯按照我的意思前进一步。要知道在这种情况下，随便哪个将军都能击败李将军！"

愤懑之余，林肯给梅德将军写了一封信。请记住，这时的林肯已经相当克制了，但这封信仍是林肯措辞最严厉的一封。

亲爱的将军：

　　我想你对这次李将军成功逃跑的结果也不会感到满意吧。本来，我们已完全地控制住了他们。如果抓住他，再加上其他方面的胜利，我们马上就能赢得这场战争最后的胜利，否则这场战争还将延续下去。上周一，你在那么有利的情境下都不能击溃李将军，那么等到了河的南边你还能做什么呢？到了那个时候，你最多还有现在三分之二的军力，还能做什么？现在，我已对你不再抱任何希望，也实在找不到任何理由来对你抱以希望。你已经失去了天赐良机，我为此感到万分的痛惜。

你认为梅德将军收到这封信后会有什么反应呢？

事实上，梅德将军一直都没有看到这封信——因为林肯从未把这封信寄出去。这封信是在林肯遇刺后，人们在他的文件柜中找到的。

我的猜想是——仅仅只是一个猜想——写完这封信后，林肯把目光投向窗外，自言自语道："冷静点，冷静点。也许我不应该这么急躁。对我而言，安静地坐在白宫里，给梅德将军下达进攻命令是一件轻而易举的事；但是，要是我当时也在盖茨堡，亲眼看见梅德将军所经历的那些血流成河的场景，耳边充斥着士兵的惨叫和濒临死亡的哀号，也许我也不会那么急切地想要进攻吧。如果我也是梅德将军这种保守的性格，可能也会和他一样做出相同的决定。不管怎么说，现在木已成舟。如果我寄出这封信，固然可以发泄我的不快，但也会让梅德将军为自己辩解，会使他反过来指责我的不是，以后我们两个人相处就难了。这对梅德将军继续指挥军队没有一点帮助，相反还可能导致他的引咎辞职。"

于是林肯把这封信放到了一边，他深知尖锐的批评和指责其实起不到任何作用。

西奥多·罗斯福总统曾经说过，当遇到一大堆困惑的问题时，他常常会靠在躺椅上，凝视白宫办公室墙上悬挂着的巨大的林肯画像，自问道："如果林肯处在我现在的境况，会怎么处理这些棘手的问题呢？"

当我们要劝诫别人的时候，请掏出一张五美元的钞票，看看钞票上的林肯头像，问自己："如果换作林肯，他会怎么处理这个问题呢？"

马克·吐温也时常发脾气，喜欢在信里毫不客气地呵斥别人。有一次，他愤怒地给一个人写信，批评对方道："你就只能说说而已，我看你到底能不能做到。"还有一次，他写信给一个编辑，用命令的口吻说："以后我的稿子必须保持原封不动，让那些打算改正我的拼写和标点的人把建议都保留在弱智的大脑里吧。"

写完这些尖酸刻薄的信后，马克·吐温会感觉好多了，这些信让他好好发泄了一番，但其实这些信件从未造成任何真正的伤害。因为马克·吐温的妻子每次都偷偷地把这些信从邮箱里取了回来，没有一封被寄出去。

难道有人愿意被别人指导，被别人规范，被别人改变吗？是

的，没有这样的人。可是，我们却都喜欢指导、规范、改变别人。孔子说："己所不欲，勿施于人。"为什么不从改变、规范提高自己开始呢？这比起试图去改变他人更为有益。而且，这样做所冒的风险也小了很多。

比起谴责其他人，我们应该更努力地去理解他们，弄明白他们之所以这么做的原因。这比批评更有益处，也能激起更大的兴趣，能培养起同情、忍耐和善良的品质。

正如约翰逊博士所说："即便是上帝，如果不到一个人临终的那一天，他也不会对这个人进行末日审判的。"

2. 每个人都渴望得到赞美

以我个人的人际交往经验来看，我们永远都不要忘记一点：所有和我们共事的人都是普普通通的人，他们都渴望得到肯定。每个灵魂都渴望获得赞美。

普天之下，只有一个办法可以让别人做事，你是否停下来仔细思考过这一点？是的，只有一个方法，那就是让别人想做这件事。

记住，再没有其他的方法了。

当然，你也可以拿着左轮手枪抵住别人的胸口，向他索要手表；你也可以要求你的员工好好地配合你工作——私底下威胁他们，不好好合作就走人；你也可以通过命令孩子，让他们按照你的想法做事。但是，这些粗暴的方法最后并不能得到满意的结果。

唯一一个能让你做任何事的方法就是给你所想要的一切。

关键是你想要什么？

心理学家弗洛伊德说，人们所做的每件事都来源于两个动机：性欲与想变得伟大的欲望。

约翰·杜威，美国知识最为渊博的哲学家之一，他的措辞稍有不同："人类本性中最深刻的愿望就是让自己变得重要。"记住："变得更重要的愿望"，这意义十分重大。接下来，你会听到更多的类似说法。

你要得到什么？其实你想要的东西并不多，只有几样东西是你真正想要得到的。而且你对这些东西的追求是不可否认的，它们就是绝大多数的人都想得到的东西：

（1）健康和长寿；

（2）食物；

（3）睡眠；

（4）金钱和金钱所能购买到的东西；

（5）未来的生命；

（6）性满足；

（7）儿女成才；

（8）被重视的感觉。

通常，这些想要的东西绝大多数都可以被满足，但是，还有一个欲望很难被满足。这就是弗洛伊德所说的"变得伟大的欲望"——也是杜威所谓的"变得重要的欲望"。

林肯认为："每个人都喜欢被赞美。"威廉姆·詹姆斯说："人类本性中最深层的渴望就是被别人尊重。"他这里并不是说"欲望"或"期望"，而是"渴望"。

在人类灵魂的深处有一种难以满足又十分坚定的渴望，只有极少数的人能满足这种内心的渴望。他们总是能轻易地把别人玩弄于股掌之中，当他们死去的时候，甚至连殡仪馆司仪都会感到惋惜。

这种变得重要的渴望是人类与动物最显而易见的区别之一。当我还是密苏里州的一个农场男孩的时候，我的父亲喂养着杜洛克大红猪和纯种白面牛。我们常常去市场展览这些大红猪和白面牛。有一次它们还在中西部地区的养殖比赛中赢得了第一名，奖品是一个蓝色的丝带领花。父亲用薄细棉布把领花小心翼翼地包裹起来，每当有客人光临时，他就会得意地向他们展示。

那些杜洛克大红猪并不关注它们赢得的奖励，但是父亲很在意，因为这给予了他一种"自己很重要"的感觉。

如果我们的祖先没有这种要让自己变得更重要的强烈欲望，就没有我们现在的进步和文明。一旦失去了这种进取心，人和动物是没有多大区别的。

正是这种要让自己变得更重要的进取心，激励狄更斯写下了传世名篇；正是这种进取心，激励克里斯托弗·雷恩爵士谱写了千古绝唱的交响乐；正是这种进取心让洛克菲勒赚到了一辈子都花不完的钱；也同样是这种进取心，让小镇上最富有的人为自己建了一座远远超出需要的大房子。

也同样是这种欲望，误导了许多年轻人加入黑帮，诱发了许多青少年犯罪。E. P. 穆隆尼曾经是纽约警察局局长，他说一般的青少年罪犯都是因为太自负。曾经有一个小青年被捕后

的第一个要求竟然是通知当地报纸、电视台报道他，把他捧成名人。这种出名的方法虽然很节约时间，但实际上，他离自己最初想成名的想法更遥远了——他走的是一条不归路。

如果你问我如何获得这种重要感，我会告诉你，这是由性格决定的。而这对你来说是很有意义的一件事。洛克菲勒通过捐款在北京修建了一所设备先进的医院，为很多他从未谋面的人免费治疗，这使他获得了这种重要感。

然而，与之相反的，大盗狄林杰获得重要感的途径则是通过当一名土匪、银行抢劫犯和谋杀犯。当联邦调查局特工追捕他的时候，他冲进了明尼苏达州的一个农舍里，大叫道："我是大盗狄林杰！我不会伤害你们的，因为我是大盗狄林杰！"他对自己有幸成为美国的头号全民公敌感到相当自豪。

洛克菲勒和狄林杰的最大区别，就在于他们获得这种重要感的方式截然相反。

历史上，很多名人也通过自己的方式来获得这种重要感。乔治·华盛顿很喜欢被人称作"伟大的美国总统"；哥伦布则喜欢把"海洋的司令和印度的副王"作为自己的头衔；林肯夫人冲格朗特夫人嚷道："你这个母老虎，我并没有邀请你，你居然敢自己跑来？"

伯德在1928年远征南极时，接受了很多亿万富翁的资助。因为这些亿万富翁知道，当伯德到达南极后，众多的冰山将会以他们的名字命名。当维克多·雨果知道巴黎的部分街区重新以他的名字命名后，也激动万分。就连最负盛名的莎士比亚，也想方设法地为他的家族弄到一枚象征贵族的盾形徽章，来彰显他的名声。

有时，人们会装出一副可怜的模样来赢取同情和关心，以便获得重要感。就拿麦金利夫人来说，她是怎么来获得这种重要感的呢？她逼迫她的丈夫——美国总统麦金利丢下那些重要的国家事务，整天陪她，搂着她，轻抚她的后背哄她睡觉。她坚持要麦金利总统时刻陪伴着她，就连去修牙的时候也不例外。有一次，她因为麦金利拒绝陪她去看牙医而大发雷霆，而麦金利总统那个时候正在与国务卿讨论国家大事。

一次，作家玛丽·罗伯特·莱因哈特告诉我，一个聪明而又精力充沛的小姑娘是如何装出一副可怜模样，来获取这种被重视的感觉。莱因哈特夫人说："有一天，这个小姑娘可能是一下子感受到了自己年龄的压力，想着未来并没有什么好指望的，于是就倒在床上，接下来的十年中，她的老母亲成天跑前跑后地照料女儿的生活。终于有一天，老母亲精疲力竭地离开了人世。这个女孩仍然躺在床上，过了几周实在不是滋味，她自己又爬了起来，穿好衣服，重新开始了她的生活。"

有专家宣称，人们有时处于一种梦境般的恍惚状态，实际上是为了寻求一种自己被尊重的感觉——这种感觉是他们在残酷的现实中不曾拥有的。在美国，患有这种精神疾病的人远远超过其他所有病人的总和。

那么，是什么导致人们神志不清呢？

没有人能笼统地回答这个问题。但是我们知道，某些疾病，如梅毒或脑细胞损伤都可能会导致神志不清。实际上，有一半病

人的精神疾病是某些生理原因导致的，如脑组织损伤、过量饮酒、吸食毒品。但是，另外的一半——正如前面所讲的那个耸人听闻的故事，显然不是因为生理上的原因。通过最先进的科学检查，我们发现他们的脑细胞就如同你我的一样健康。

那为什么这些人还是会神志不清呢？

我带着这个问题来到了美国最著名的精神病医院，找到他们的主任医生。这位医生曾在该领域获得过最高荣誉。他很坦白地告诉我：虽然，没有人知道确切的答案，但是，很多人之所以神志不清，是因为他们在这种状态下会找到一种被尊重的感觉，而这恰好是他们在现实世界中无法获得的。他告诉我一个故事：

> 我有一个病人，她的婚姻简直就是一个悲剧。她渴望爱，想要孩子，还有社会地位。但是现实打破了她所有的希望。她的丈夫一点都不爱她，他不但拒绝和她一起吃饭，还强迫她每天把饭给他送到楼上去。她没有孩子，也没有社会地位。终于，她发疯了。在神志不清的时候，她认为自己已经和丈夫离婚，而且还保持着她少女时的姓氏。随后她以为自己嫁给了一位英国贵族，所以坚持让我们叫她史密斯夫人。
>
> 至于孩子，现在她每天晚上都以为自己有了一个可爱的孩子。每次我去看望她的时候，她总会说："医生，昨晚我又有了一个孩子！"

生活的巨浪打碎了她所有梦想的小船，而在幻想的小岛上，那里阳光明媚，她梦想的小船安静地停靠在港湾里，海风轻抚着她的脸颊，海鸥在她头上飞翔。

这是个悲剧吗？医生告诉我："即使我能伸手把她拉回现实世界，让她保持清醒，我也不愿意这么做。她现在比以前开心得多了。"

太渴望获得这种被别人尊重的感觉，人就会通过失去理智、神志不清。如果我们通过真诚地欣赏、赞美别人而阻止这种悲剧的发生，那是多么美丽的奇迹啊！

美国第一个年薪超过 100 万的商人是查理斯·斯瓦布（那时还没有征收个人所得税，而且当时月薪 200 美元就已经是高收入了）。他被安德鲁·卡耐基于 1921 年任命为新组建的美国国家钢铁公司的总裁。那时，斯瓦布只有 38 岁。后来，他离开了美国国家钢铁公司，跳槽到了处于困境中的伯利恒钢铁公司，并进行改组，使之成为美国效益最好的一家公司。

为什么安德鲁·卡耐基愿意付给查理斯·斯瓦布百万的年薪呢？难道斯瓦布是个天才？不。是因为他比其他人都了解怎么制造钢铁？更不是。查理斯·斯瓦布亲口告诉我，他有众多优秀的下属，这些下属都比他更了解如何生产钢铁。

斯瓦布告诉我，他可以赚到百万年薪是因为他处理人际关系的能力强。下面便是他处理人际关系的秘密，这个秘密应该被刻在青铜上，挂在每个家庭、大学还有商店的门口。孩子们应该牢牢记住这些话，而不是浪费他们宝贵的精力记忆拉丁文的动词或者巴西的年均降雨量。如果我们按照这些话去生活，那么你我的生活肯定会完全不同。

　　我认为我的能力主要是能激发起周围人的激情，我最大的优势就是懂得如何去开发一个人最大的潜力——通过欣赏和鼓励。

　　没有比来自上级的批评更能扼杀一位员工的进取心的了。我从来都不批评任何人，我们应该激励部下去更好地工作。所以，我更喜欢去赞扬我的部下，而不是批评他们。我会很真心地赞扬我的下属，而且从来都不吝啬溢美之词。

　　这就是斯瓦布的名言。但是普通人又是怎么样做的呢？刚好完全相反。如果一个人不喜欢下属做的事，他就会大声训斥对方；可如果下属做了令他满意的事，他却只字不提。正如同那句古话："只要我一次没做好，我就总是被批评！当我第二次做好了，却没有得到一句表扬！"

　　"在我广泛交往的一生中，认识了很多世界各地杰出的人物，"斯瓦布说，"我发现他们有一个共同的特点，那就是他们会很真心地赞扬、欣赏别人的工作，而不是批评别人的努力。"

　　斯瓦布很坦率地说，这也是安德鲁·卡耐基成功背后一个最为重要的原因——不管是在公开场合还是私底下，他都会很热诚地赞扬下属。

　　安德鲁·卡耐基甚至希望在他的墓碑上刻下赞扬助手的话，他为自己写的墓志铭是这样的："这里躺着一个人，他知道如何去表扬周围那些比自己更聪明的人。"

　　真诚地赞扬别人也是约翰·洛克菲勒成功处理人际关系的秘

诀。他的一个合伙人爱德华·贝德福德因为雇用了一个骗子，导致他们在南美的公司损失了100万美元。约翰·洛克菲勒不可能不介意，但他知道贝德福德已经尽力了——再说这件事已经过去了。于是，洛克菲勒决定找些事情来表扬他。很快，洛克菲勒发现了一个闪光点，那就是贝德福德为他节省了百分之六十的投资额。"这相当不错，"洛克菲勒对他说，"我们无法像你做得那么好。"

下面这个故事，蕴含了一个真切的哲理。

有一个农妇在结束了一天繁重的劳作后，把一堆干草放在了丈夫的碗里。丈夫骂道："你是不是疯了啊？"她答复道："凭什么呀？我怎么才能知道你注意到我每天做的都是饭菜，而不是稻草？在过去的20年里，我天天为你做饭，但是我从未听你夸奖过我做的饭菜！"

几年前，有一个关于妇女离家出走情况的调查。你能猜到什么是导致这些妇女离家出走的最大原因吗？那就是"缺少尊重"。我敢打赌，那些离家出走的丈夫也肯定是因为同样的原因。有些时候，我们太不把自己的爱人当回事，从来都不让他（她）知道其实我们很尊重他（她）。

我的一个同学告诉我，有一次，他的妻子和一些女人参加了教堂组织的一个自我改善计划。她让丈夫提出6条使她成为好妻子的建议。他说："当时我很诧异。对我而言，给她提出6条建议是件十分简单的事情。让我吃惊的是，她竟可以很轻松地给我提出上千条建议。于是我对她说：'让我好好想想，明天再给你答案。'"

第二天，他一大早就给花商打电话，订购了6枝红色的玫瑰，

并要求在花束中的纸条上写上这句话："我怎么都想不出 6 条改变你的建议，我就爱现在这个你。"

傍晚他回家的时候，猜猜是谁在门口等着他？对！就是他的妻子，她眼里含着泪水。无须多说，他十分庆幸他并没有按照妻子要求的那样给出 6 条建议。

接下来的那个星期天，他的妻子在教堂里向大家讲述了这件事，为此有几个妇女专程来拜访他。她们说："那是我们听说过的最体贴的话。"这时，他才意识到欣赏所带来的不可思议的力量。

佛罗伦萨·齐格菲尔德称得上是有史以来最负盛名的制片人，是他让百老汇如此出名。而他的盛名正是得益于他敏锐的洞察力——可以让众多美国女孩焕然一新。他总是能发现那些丑小鸭身上的闪光点，然后把她们包装成舞台上令人瞩目的明星。他深知赞美和自信的力量，通过最直接的赞美和关怀，让每一个女孩都觉得自己是世界上最美丽的女人。而且他特别注重实际，他把合唱队女孩的薪水从每周 30 美元涨到了每周 175 美元。他也很具有绅士风度，在《富丽秀》的晚会上，他会当众赞美那些明星，接着还会表扬那些美国小姐幕后的合唱队的女孩们。

我曾经一度沉迷于流行的节食风潮，6 天 6 夜没有吃一点东西。其实，坚持节食并不难，到了第 6 天晚上，我已经没有饥饿感了。我知道，如果有哪个人 6 天 6 夜不给他的亲人或者员工东西吃，他肯定会有一种强烈的负罪感。但是，他们却可以让他们的亲人、员工 6 天、6 周，甚至 6 年都得不到一句诚挚的赞扬。他们不知道，每个人对赞美的渴望，正如同对食物的渴望一样强烈。

阿尔弗雷德·隆特是他那个时代最伟大的演员之一，曾扮演过《维也纳的留尼旺》里的男主角。他说："没有一件东西比我对自尊的渴望更迫切。"

我们常常给孩子、家人、员工补充身体的营养，却不知道什么时候能给他们补充自尊的营养！我们为他们提供烤肉和马铃薯来补充身体的能量，但忽略了用一些赞赏之词来让他们更有信心。其实只需要很少的一些赞赏之词，就可以让他们在未来的日子里保持很好的状态。

保罗·哈维在他主持的电台节目里讲了一个故事，这个故事讲的是真诚地赞美别人足以改变一个人的一生。很多年前，底特律的一位老师让斯蒂夫·莫里斯帮他捉一只跑进了教室的小白鼠。斯蒂夫·莫里斯虽然是盲人，却有常人不及的听力。老师知道这一点，并且真诚地赞美莫里斯敏锐的听力。这是莫里斯第一次被别人赞扬，这完全仰仗他那极具天赋的听力。数年之后，他回忆起当时的情境时，说："老师给我的赞美，是我新生的开端。"从那时起，莫里斯开始注重培养他的听力，最终成为20世纪70年代最受欢迎的歌手和作曲者。

我们日常最容易忽略的一种美德就是赞赏别人。没有任何东西比来自家长的肯定和表扬更能激励孩子的了。当孩子带回来一张非常不错的成绩单时，我们常常忽略了表扬他们。当孩子第一次成功烘烤出可口的蛋糕，或者搭建好一个鸟巢时，我们仍然忘了表扬他们。

当我们在餐馆里吃着美味的法式牛腰肉时，请不要忘记赞扬

厨师长，夸赞这道菜十分可口；当一位疲倦的推销员谦恭有礼地跟你推销商品时，请不要忘记赞扬他们的礼貌。

有身份的人都深知在演讲时，当众说那些泄气的话不会有任何积极的作用，也不会受到别人的肯定。那什么样的话语能对那些办公室里的、商店里的、工厂里的员工起到事半功倍的激励作用呢？以我个人的人际交往经验来看，我们永远都不要忘记一点：所有和我们共事的人都是普普通通的人，他们都渴望得到肯定。每个灵魂都渴望获得赞美。

爱默生说："所有人都是我的老师，因为我从他们身上学到了东西。"

请停止对自己的那点小成就念念不忘吧，努力地看清别人的优点，及时地给予别人最诚挚的赞赏。"真心地给予别人肯定，不要吝啬你的赞美"，人们会为你的肯定和赞美而欢呼雀跃，并且会用心铭记你的话语，直到永远。

3. 激起别人急切的欲望

> 如果成功有什么秘诀的话，那就是要先去了解对方的需求，从他们的角度来思考问题。首先激起对方急切的欲望。能做到这点的人，将掌握世界；不能做到这点的人，将四处碰壁。

我经常在夏天去缅因州钓鱼，因为一些特殊的原因，我喜欢草莓和冰激凌，可鱼儿们喜欢蚯蚓和蠕虫。所以钓鱼时，我就不会想我喜欢的，而是会想鱼儿们喜欢什么。我不会去做绑着草莓和冰激凌的鱼钩，而是会串好蚯蚓鱼饵，扔到鱼儿面前，对它们说："你们不是喜欢这个吗？"

那么在"钓"人的时候，为什么不用这种理论呢？

这就是劳合·乔治的做法。劳合·乔治是"一战"时期的英国首相。有人问他，很多战时功勋卓著的领导者，如威尔逊、奥兰多、克里孟梭等逐渐都被一一忘却，而他又是如何做到战后仍然大权在握呢？劳合·乔治回答道，他的持续执政主要归功于他知道在不同的鱼儿面前放不同的饵料。

为什么现在要谈论我们想要什么呢？这不是很幼稚、荒唐吗？因为只有你对你所想要的东西感兴趣，但是别人并不在意。事实上，我们每个人都一样：我们只对自己想要的东西感兴趣。

所以，唯一能影响别人的方法就是跟他们谈论那些他们想要的东西，并让他们知道怎么样才能得到它。

记住，以后你想要别人为你做什么事的时候，一定要先从他们的角度出发，说他们想要的东西。如果你想让孩子戒烟，不要对他们说教，不要谈论你想要的，而是告诉他们，吸烟可能导致他们在入选篮球队的时候落选，或者在百米赛跑中失败。

无论你是对待孩子、小牛，还是黑猩猩的时候，都要记住这一点。有一次，爱默生和他的儿子试图把一头牛犊赶进牛舍。但是，他们犯了大家都会犯的错误：他们只是想自己想要的，结果跑断了腿也没把牛赶进棚。他的爱尔兰女佣，这个女人没有读过书也不会写字，但是她比爱默生更了解牛。她让牛犊吮吸她的手指，就像吮吸母牛的乳头一样，然后慢慢地把牛引回了牛舍。

自从出生后，你所做的每一件事都有自己的动机。甚至当你给红十字会大笔的捐款的时候也不例外，这是因为你想伸出援助之手，想要成全自己善良、无私、神圣的愿望。

如果你对行善的热爱比不上对金钱的喜好，那你就不会对红十字会慷慨解囊了。当然，你行善也可能是因为不好意思拒绝或者被人要求这么做。但有一件事是确定的，即你之所以捐款是有所图的。

哈里·阿弗斯特在他的启蒙书《影响人类行为》中说道："行为映射出我们最基本的欲望……无论是在公司、家庭、学校中，还是在政治中，我给你的建议就是：首先激起对方急切的欲望。能做到这点的人，将掌握世界；不能做到这点的人将四处碰壁。"

安德鲁·卡耐基曾经是一个穷困潦倒的苏格兰小伙子。他刚开始工作时一小时只能赚到两分钱，可他最后捐赠出了3.65亿美元。早年的时候，他学到的唯一一个能影响别人的方法就是站在别人的角度，谈论别人想要的。虽然他只读过四年书，却懂得如何和别人打交道。

有一次，他的嫂子因为担心她的两个儿子而生病。她的两个儿子都在耶鲁上大学，他们忙于各自的事情，忽略了给家里写信，也没有意识到他们母亲的焦急。

卡耐基提议赌100美元，他说能在不要求他们回信的情况下得到他们的回信。很多人都不相信，纷纷加入了这个赌局。于是，卡耐基给他的侄儿们各写了一封信，并在末尾处很随意地附带上了一句话："我随信寄了5美元。"但实际上他并没有把钱装进信封里。

没过多久回信果然来了，两个侄儿先是谢谢好心的安德鲁叔叔寄去的钞票——你可以猜到下面写的是什么了。

还有一个更有说服力的例子来自俄亥俄州克利夫兰市的史坦·诺瓦克，他曾经参加过我的培训课程。

一天，诺瓦克晚上下班回家，发现小儿子吉姆趴在客厅的地板上又哭又闹。原来是第二天要去幼儿园，而他怎么也不愿意去。通常情况下，诺瓦克会把孩子赶回屋去，叫他最好还是上幼儿园。但是，这次诺瓦克意识到这样做无益于让孩子保持很高的积极性。于是，他坐下来认真思考："如果我是吉姆，我会因为什么而乐意去幼儿园呢？"接下来，诺瓦克和妻子把那些吉姆可能感兴趣的事情一一列举在一张纸上，比如画画、唱歌、交新朋友，然后他们开始实施起来。"我的妻子丽莉，我的另一个孩子鲍勃，我们全都在厨房的餐桌上开始玩游戏，并玩得兴高采烈。不一会儿，吉姆偷偷躲在墙角看我们并要求参加。"

"不行，你必须先去幼儿园学怎样画画才行。"我们从他的角度出发，把我们列举在纸上的事情一一解释给他听，告诉他在幼儿园里会有多么开心。第二天早晨，我以为自己是全家起得最早的人，却发现吉姆居然坐在客厅的沙发上！"你在这里干什么？"我问道。吉姆回答道："我等着去幼儿园呢，我不想迟到。"正是全家人的配合激起了吉姆心中的渴望，而这种渴望是在命令和威胁下不能产生的。

也许你习惯于要求别人做某事，那么从现在起，在开口之前，停下来想一想："我如何才能让这个人愿意去做这件事呢？"

这个问题可以帮助我们不至于冒冒失失、毫无结果地向别人强加我们自己的愿望。

有一次，我在纽约租用一家大酒店的舞厅，每个季度租用20天，用来开办一系列的讲座。可是，有一天，我突然被通知需要支付原先三倍的租金。而那时，我已经印好了入场券，通知也发布了。我当然不想付这笔增加的租金，但是与酒店谈论我们的想法又有什么用呢？他们只对自己想要的东西感兴趣。于是，几天之后，我找到了他们的经理。

"接到你们的通知，我有些意外，"我不紧不慢地说道，"但我并不埋怨你们，如果处在你的位置，我也会写出类似的信。身为酒店经理，你的职责就是尽可能地为酒店增加收入。如果不这样做的话，你就会被炒鱿鱼，而且也应该被炒。现在我们把你坚持增加租金的好处和坏处都写下来，仔细比较一下。"

于是，我拿出一张纸，在中间画出一条线，一边写上"好处"，另一边写上"坏处"。

我在好处那边写下"舞厅费用"，继续说道："如果你把舞厅租给别人开舞会，或者举办其他活动，有一个很大的好处，就是得到比办讲座更多的租金。而我每个季度都在这里租20天办讲座，对你们当然是一笔不小的损失。"

"现在，让我们一起来看看坏处是什么。第一，我得另寻地方来开办讲座，这样，你将减少收入。

"还有一个坏处。我的讲座吸引的都是接受过良好教育、层次很高的人。他们光临你们的酒店，这是一个相当不错的广告，难道不是吗？事实上，即使你们花五千美元来打广告，也未必有我的讲座能吸引这么多高层次的人前来光顾。这对一家酒店而言，是不是很有价值呢？"

在我说的时候，我写下了这两个"坏处"，然后把纸交给了经理。我说："希望你能仔细地考虑一下，然后再做出最终的决定。"

第二天，酒店通知我，说租金上调了50%，而不是原来的30%。

请注意，我最后得到的这个结果：之前我并没有提过自己想要什么，而是一直都在谈论他们想要的，以及他们怎样才能得到这些。

设想一下，如果我像一般人那样，暴跳如雷地冲进经理办公室，嚷道："你们到底是什么意思？我的入场券已经印好，公告也发布出去了，你们现在却要来收三倍的租金？这太荒谬了！我绝对不会付钱的。"

那么，接下来会发生什么呢？一场争论，我们双方会闹翻了天——而到最后，即使对方意识到他们错了，但是出于自尊心也很难有所让步。

关于为人处世，亨利·福特有一句传世名言："如果成功有什么秘诀的话，那就是首先要去了解对方的需求，从他们的角度来思考问题。"

的确是这样的，我想再次强调一下："如果成功有什么秘诀的话，那就是要先去了解对方的需求，从他们的角度来思考问题。"

这段话很简单，也很容易明白，一眼就可以看出它所蕴含的道理。但是，99%的人在99%的时间，都忽视了其中的真谛。

每天都有数以千计的推销员穿行在大街上。他们中的多数人疲倦、失望，甚至入不敷出。为什么呢？这是因为他们总是想着自己想要的，却不肯想想什么是你我想要买的。我们总是热衷于解决自己的问题。如果推销员能向我展示他们的服务或者器械，是如何帮助我们解决问题的，那他们就不必再推销，我们自己会主动去买他们的产品。

然而，很多推销员推销了一辈子，却从来没有从顾客的角度想过问题。以前我住在森林山丘，那是纽约长岛的一处私人房地产社区。有一次，我偶然遇见了一名长期从事不动产买卖的商人。我问他，我的水泥房是用金属条还是空心砖盖成的？他说不知道，让我打电话去问问社区的园艺协会。第二天早晨，我收到了一封他的信。在信里，他仍然没有给我想要的信息，而是要我把房屋保险交给他代办。

他并没有好心来帮助我，他所感兴趣的只是如何帮助他自己。

亚拉巴马州伯明翰市的霍华德·鲁卡介绍了来自同一家公司的两个推销员处理同样情况的两种不同方法：

几年前，我担任一家公司的管理层。我们公司附近有一家大型保险公司的区域总部，他们给每个推销员划分了区域，我们公司所在的区域被划分给了两名推销员，一个是卡尔，另一个是约翰。

一天早晨，卡尔来办公室拜访我，提到了他们公司正在推出一种针对白领的人身保险计划。他认为我们会感兴趣，并许诺说等获得更多的资料后会再来找我们。同一天，在人行道上，约翰看见我们就叫道："嘿！鲁克，等等！我有一个好消息要告诉你。"他气喘吁吁地跑过来，十分兴奋地告诉我说，他们公司现在推出了一种白领人身保险计划（这个计划和卡尔告诉我们的那个保险计划相同）。他想让我们做第一批受保人。他只告诉了我们很少的一些资料，最后还说："这次保险和以往的完全不同，我会让公司里的其他人明天给你具体的解释。现在就请签了这个申请表，这样明天你们就能得到更多针对性的资料了！"他的热情激起了我们想要购买这份保险的欲望，即使那时我们还不了解这份保单的详情。当保单送到手头时，我们发现这份保险和卡尔最初描述的保险是完全相同的。约翰不但让我们每个人都买了份保险，还让我们追加了投保额。

本来卡尔应该拿到这笔生意，遗憾的是他并没有努力激起周围人们购买的兴趣。

现在世界上充满了自私自利且贪得无厌的人，那些极少数不自私的人善于热心帮助别人，同时自己也受益匪浅。这种热心帮助别人的人很少，与他们竞争的人也很少。

欧文·杨是一位著名律师，也是一位伟大的美国商界领袖，他曾经说过："那些可以站在别人角度思考问题的人，能掌握别人是怎么样思考的，所以永远也不必为自己的前途担心。"

如果你读完这本书，能明白下面这一点：不断让自己从别人的角度看待问题，站在别人的立场思考问题。如果你学到了这一点，它就会成为你未来事业的基石。

从别人的观点来看待问题，激起别人的占有欲，并不是为了教你如何操纵别人，而是使你更清楚地指出你的优势和别人的劣势，从而达到双赢。例如：鲁卡购买了约翰的保险，就使双方都获得了好处。

另一个通过激起别人兴趣而获得双赢的例子，是来自罗得岛州瓦维克的迈克·威登。他是壳牌石油公司的地区销售员，并渴望成为该地区首屈一指的销售员，但是该区域内有一个加油站老是托后腿。这所加油站是由一位年纪大的人掌管，他总是不愿意花钱维护加油站的清洁工作，因此这个加油站看上去邋里邋遢，业绩大受影响。

老经理无论如何也不愿意听从迈克的建议更新加油站的设施。在经历了很多次苦口婆心的谈话沟通之后，事情仍然没有一点改进。迈克决定邀请老经理参观一下他所管理辖区内一家最先进的加油站是如何工作的。

这位经理参观时，被里面现代化的设施和服务惊呆了，随后便更新了自己加油站的设施，收到了立竿见影的成效，该加油站也成为迈克所辖地区业绩最好的加油站之一。迈克通过激起这位老经理的兴趣，实现了自己的目标。无论是那位老经理还是迈克都获得了双赢。

很多人上完大学，除了读了几本维吉尔的书、学会了微积分，并没有学会分析人们是如何思考问题的。

美国开利公司是全球最大的空调生产厂商。我曾经给那些即将进入这家公司的应届毕业生开过一次讲座，主题是如何才能有效率地沟通。一个学生想让其他学生在空闲时间和他一起打篮球，他是这样说的："我想和你们一起打篮球。我很喜欢打球，但是最近几次去篮球馆都没有足够的人能一起打。我希望明天晚上想打篮球的人都能一起去。因为我很想玩篮球！"

他是否提起过别人想要的是什么？其实他不想去篮球馆，其他人也不想去，难道不是吗？如果他不关心别人想要的，那么别人也不会关心他想要的。

他是否向别人说明如果去篮球馆，能获得什么有意思的东西呢？没有，所以没人愿意去。尽管大家很清楚去篮球馆会让人更有活力，头脑更有精神，毕竟运动可以带来更多的乐趣。

再次重复阿弗斯特的名言：首先激起对方急切的欲望——能做到这点的人将掌握世界；不能做到这点的人将四处碰壁。

我的培训课上有位男士，他很担心自己的孩子。孩子体重过轻，不好好吃饭，任大人们斥责打骂都不管用。家长总是对孩子说："妈妈想让你吃什么，爸爸想让你吃什么。"

小孩子会对家长的劝告感兴趣吗？答案是否定的，这就像要让你对沙滩中的一粒沙子感兴趣一样。

从常理来说，没有人会期待一个3岁的小孩能站在一个30岁男人的角度来看待问题。然而，这就是他父亲之前所期待的，这完全不合常理，幸运的是，最终父亲还是认清了这一点，他问自己："到底什么才是孩子想要的呢？"

一旦人们站在别人的角度来思考问题，事情就开始变得容易。这个孩子有一个小小的三轮儿童车，他特别喜欢骑车。街上的另外一个小男孩是个小恶霸，喜欢欺负比自己弱小的孩子，还常常抢别人的小三轮车。

那么，不吃饭的小男孩想要什么呢？他只是想要他的自尊、他的脾气，还有被别人尊重的愿望——这些都是孩子天性中最重要的情感因素，以至于他想要报复那个小恶霸，想要打歪他的鼻子。父亲告诉他，如果想要痛揍那个小恶霸一顿的话，一定得听妈妈的话，好好吃饭。从此以后，在吃饭方面，这个小孩再也没有一点问题了。他开始吃菠菜、泡菜、咸鲭鱼——只要是能让他长得更强壮的食物，他都会吃。

解决完这个问题后，他父母又根据这个思路解决了另一个问题：这个小孩有个难以启齿的习惯——总是尿床。

小男孩和奶奶一起睡。每天早晨，奶奶总是会感到床单湿漉漉的，就问他："琼尼，瞧你昨天晚上都做了什么。"

小琼尼说道："不！不是我做的，是你做的！"

批评、哄骗，他的父母的所有努力都没能解决这个麻烦。终于，他的爸爸妈妈自省道："我们要怎样做，才能阻止他尿床呢？"

小琼尼想要什么呢？首先，他希望能穿着睡衣睡觉，而不是像奶奶一样穿着宽大的睡袍。他的奶奶早就受够了小琼尼尿床的坏习惯，就很高兴地给他买了一套小睡衣；其次，他想要张自己的小床，他奶奶非常反对。

妈妈把小琼尼带到布鲁克林的一家百货公司，故意对女售货员说："这位小绅士想要买点东西。"

售货小姐很有礼貌地问小琼尼道："小伙子，你想要些什么呢？"

小琼尼站直了身子说："我想要买张小床。"

后来，孩子相中了那张妈妈事先给他选好的小床。

第二天，小床被送了过来，小琼尼惊喜万分。爸爸刚一回家，

他就跑下楼，喊道："爸爸！爸爸！快上楼来看看我买的小床！"

父亲上楼来看了看小床，用查理斯·斯瓦布的话来说，他"真诚地认可，而且一点也不吝啬他的表扬"。

"你再也不会尿床了，是吗？"父亲问道。

"不了！再也不了！我不会在这张床上尿的！"为了自尊，小男孩实现了他的承诺。现在他晚上睡觉穿着他的小睡衣，像个十足的小大人一样。他希望自己像一个小男人那样，最终的确也做到了这点。

威廉姆·温特曾经说过："自我表达是人类本性的一种必然需要。"我们为什么不能把这点运用到处理人际关系上呢？如果有了一个很不错的主意，为什么不让对方自己提出这个好主意而要我们强加给他呢？这样的话，他们就会认为这是自己的主意从而加倍卖力。这有时会有超乎想象的皆大欢喜的结果呢！

记住：首先激起对方急切的欲望。能做到这点的人，将掌握世界；不能做到这点的人将四处碰壁。

第二章

让别人喜欢你的六种方法

HOW TO WIN FRIENDS AND
INFLUENCE PEOPLE & HOW TO STOP
WORRYING AND START LIVING

4. 用热情和真诚的态度对待他人

> 如果你希望别人喜欢你，如果你希望赢得真正的友
> 情，如果你希望在帮助别人的同时帮助自己，请牢记这
> 条原则：真诚地关心别人。

你有没有静下来想过，狗是唯一一种不需要为生活而工作的动
物？母鸡需要下蛋，奶牛需要产奶，金丝雀需要唱歌。但是狗只需
要把它的爱献给你，就可以衣食无忧了。

在我 5 岁时，父亲花了 50 美分为我买了一条小黄毛狗，它成
了我童年时期的快乐之源。每天下午大概 4 点半，它就会坐在院子
前面，用它那美丽的眼睛坚定地望着小路。只要一听到我的声音，
或是看见我摇晃着饭盒穿过矮树林，它就会箭一般地窜出去，气
喘吁吁地跑到山上，又跳又叫欢喜地迎接我。

小狗迪比是陪伴我 5 年的忠实朋友，在一个悲惨的夜晚——我
永远也不会忘记——它就在距我 10 英尺的地方被雷电击中死了，这

是我童年时期最难以忘怀的悲痛。

迪比从没学过什么心理学，它也不需要学。大家都知道，凭借一些天性，一个人如果真的很关心他人，那么他在两个月的时间里所交到的朋友，要比一个总想得到别人关心的人在两年内所交的朋友还要多。

然而，你我都知道，有人终其一生都难以醒悟，总是想要别人来关心自己。

当然，这种方法是行不通的，别人是不会在意你的，他们也不会关心你，因为他们只在乎自己——不管是上午、下午还是晚上。

纽约电话公司对于人们在电话中谈论的内容进行了详尽的研究，结果发现谈话过程中出现频率最高的字眼就是"我"。在参与调查的 500 次电话谈话中，总共出现了 3900 次的"我"。

当看到一张有你的集体照时，你会先去注意谁呢？

如果仅仅是想让别人注意自己、关心自己，那么我们将不会有很多真正诚挚的朋友，毕竟真正的朋友是不能通过这种方法赢得的。

在这方面，拿破仑是我们的榜样。他在与妻子约瑟芬最后一次会面时说："约瑟芬，我比世界上任何一个人都要幸运，此时此刻，你是这个世界上唯一一个我可以依赖的人。"当然，约瑟芬是否值得他依赖，这还是一个值得怀疑的问题。

著名的维也纳心理学家阿尔佛雷德·阿德勒写了一本名为《生活的意义》的书，书中说道："那些对周围的人漠不关心的人，他一生中所遇到的困难最多，对他人的伤害也最大。人类所有的失败，都要归咎于这类人。"

你可能读过几十卷有关心理方面的书，但不会找到任何一句比这句对你我更加重要的话了。阿德勒的这句话实在是具有太深刻的意义。

我曾在纽约大学选修过《短篇小说写作》这门课程，一家著名杂志社的编辑为我们上课。他说当他每天拿起放在桌上的几十篇小说中的任何一篇时，只需要读上几段，就可以感觉出这个作者是否喜欢别人。"如果作者不喜欢别人，"他说，"人们也不会喜欢上他的小说。"

这位阅历很深的编辑在讲课过程中曾停下来两次，为他所讲的大道理道歉。"现在我要告诉你们，"他说，"与牧师告诉你们的一样，请牢记：如果你想成为一名成功的小说家，那么先学会关心他人。"

写小说如此，为人处世、待人接物更应如此。

当魔术大师霍华·萨士顿最后一次在百老汇的舞台上献艺时，我曾在他的更衣室里与他交谈。萨士顿被认为是魔术师中的魔术师，他在40年的时间里游历世界各地，一次次地为世人创造视觉奇观，让观众如痴如醉、惊叹不已。这些年，大约有6000万人掏钱去观看他的表演，这使他赢得了200万美元的收入。

现在我们来看看萨士顿先生成功的奥秘。很显然，学校教育对此帮助微小，他在很小的时候就辍学回家，成了一名流浪儿。他沿途搭乘货车，晚上睡在干草堆上，一路上以讨饭为生，通过

从货车向外看火车沿线的路标学会了识字。

难道他有异于常人的高超魔术技能吗？不，他告诉我说，现在已经有数百本书专门介绍魔术手法，全美大约有几十个人知道的魔术技巧和他一样多。但是他有两样其他人都望尘莫及的技能，这才是他的独门绝技。首先，他具有在舞台上展现自我的才能，并能以此打动观众。他是天生的表演天才，他了解人们的天性，他所做的每一件事，每一个动作，每种音调，甚至连每一次抬起眉眼，事先都经过仔细地排练，他的每个动作都配合得不差分毫。其次，萨士顿对人非常热情。许多魔术师面对着观众，心里却说："好吧，下面坐着一群傻瓜，一群乡巴佬，我可以把他们骗得团团转。"但是，萨士顿的方式完全不同。每一次登台，他都会对自己说："我充满感激。这些人前来观看我的表演，他们使我过上了舒适的生活。我将会尽我所能为他们表演一场最好的魔术。"

每次在登台之前，他都要一遍遍对自己说："我爱我的观众，我爱他们。"这可笑吗？荒唐吗？你可以任意做评价，我只不过是不加任何评论地把有史以来最著名的魔术师所用的方法传授给你。

宾夕法尼亚州的乔治·戴克被服务了30个年头的公司强行解雇了。没过多久，他厌倦了碌碌无为的退休日子，尝试拉小提琴来丰富业余生活。他去各地听音乐演奏会，并与许多有造诣的小提琴家交谈。由于他的处世态度谦虚、友好，渐渐地，他结识了许多朋友。他参加比赛，很快就在美国东部各地以"来自宾夕法尼亚州金爪水坝的小提琴拖拉机——乔治叔叔"出了名。当我们听说乔治叔叔时，他已经72岁了，正在享受他生命中的每一天。

退休之后，当人们都认为已到激情、干劲退却的年纪时，乔治叔叔却为自己创造了一种新的生活。

这也正是西奥多·罗斯福受到人们异常爱戴的秘诀之一。他的贴身男侍从詹姆斯·阿摩斯，以《西奥多·罗斯福——侍从眼中的英雄》为名写了一本关于他的书。在这本书中，阿摩斯提到了一件发生在他们之间的小插曲：

> 我妻子曾问过总统有关鹌鸟的事，她从未见过这种鸟，总统仔细地向她描述。几天之后，我们房子里的电话响了（阿摩斯和他妻子住在牡蛎湾罗斯福住宅的一间小屋里）。我妻子接了电话，正是罗斯福本人打来的。他打来电话是想告诉她，现在正好有一只鹌鸟出现在她的屋外，如果她向窗外看的话，就能看到。还有许多这样的小事，正是他待人亲切、热情的表现。无论何时，他经过我们的小屋，总会大声地说："嘿，安妮？"或是"嘿，詹姆斯！"这正是他对我们表示友好的问候方式。

作为侍从，如何能不喜欢这样一位总统呢？

一次，罗斯福去白宫拜访塔夫脱总统，正巧总统和夫人出去了。罗斯福对身份卑微的人真心关怀的善良品性在这里得到了鲜明的体现，他与在白宫工作的那些老伙计们都打招呼，哪怕是洗碗的女工。

"当他看到厨房的女佣爱丽丝，"阿奇·巴蒂这样记载道，"就问她是否还在做玉米面包。爱丽丝告诉他，有时候她会给侍从们做一些，但是楼上的人（指白宫官员）已经不再吃了。

"'他们没有口福,'罗斯福大声说,'等我见到总统,一定会告诉他。'

"爱丽丝在盘子里放了一片玉米面包,递给他,他边走边吃,一直走到办公室。在路上碰到了园丁和工役们,他就与他们打招呼。

"他对待每个人就如同原来一样。艾克·胡佛在白宫服务了40年,他眼中饱含热泪地说道:'这是我们最近两年来最快乐的日子,就是给100美元的支票我也不换。'"

对于看起来不重要的人的关心,使得新泽西州查塔姆市的销售代表小爱德华·赛克斯保住了一单生意。"许多年前,我是强生公司在马萨诸塞州的销售代表,其中有一位客户在兴罕。无论何时我去这家药店,总是与卖苏打水的店员聊上一会,之后才去店主那里取订单。一次,我去找店主,他告诉我说,他不准备再购买强生的产品了。因为他觉得我们公司现在把精力都放在食物的促销活动和折扣店了,不再关注他们这些失势的小药店。我灰溜溜地走了出来,之后驾着车在小镇周围闲逛了几个小时。最终我决定回去,尽我所能地向店主解释我们公司目前的状况。

"我返回药店,像往常一样向卖苏打水的店员打招呼。当我向店主走去的时候,他冲着我微笑,欢迎我回来,还给了我平常两倍的订单。我惊奇地看着他,想知道在我刚刚离开的几个小时内究竟发生了什么。他指了指在冷饮柜前的那个年轻人,说我是仅有的会对店员打招呼的推销员。那个店员还对店主说,如果有谁值得得到这份订单,就应该是我。店主同意了他的说法,并且成为我的一名忠实的顾客。至此之后，我一直牢记真诚地关心他人对于一名推销员来说是多么重要的品质——进一步来说，对于任何人都是如此。"

从个人经验来说，我发现一个人可以通过真诚地关心他人来赢得关注、时间，甚至是与最受欢迎的人的合作。

数年前，我在布鲁克林文理研究所策划了一个文学写作培训班，需要像凯瑟琳·诺莉丝、芬妮·赫斯特、艾达·塔贝尔、艾伯特·佩尔逊·特休恩以及罗伯特·休斯等一些非常著名而忙碌的作家来帮忙，请他们讲讲成功经验。于是，我们分别给他们写信，诉说对他们的敬仰和崇敬，并且对他们的成功经验和获得他们的建议表示出极大的兴趣。

每一封信都签上了150名学生的姓名，并附言说，我们很清楚他们都很忙，可能无法准备一次演讲，所以随信附上一张问题表，上面记录了要问他们的问题。这些作家对此非常感兴趣，都来到了布鲁克林，助我们一臂之力。

通过同样的方法，我们请来了西奥多·罗斯福内阁的财政部长莱斯利·肖、塔夫脱内阁的司法部长乔治·维克山姆、富兰克林·罗斯福，以及许多非常显赫的名人，为学生们进行演讲。

我们所有人，无论是工厂的工人、办公室的职员，即便是坐在宝座上的皇帝——全都喜欢那些钦佩他们的人。以德国皇帝恺撒为例，在第一次世界大战即将结束之际，他可能算得上是世界上最受轻视的人了。当他为了保住性命逃到荷兰的时候，他的国家甚至抛弃了他。国内民众对他的愤恨情绪非常激烈，数百万原

先拥戴他的人现在都希望严惩他，恨不得将他绑在火刑柱上烧死。在这些充满怒火的声音中，一个小男孩给恺撒写了一封简单、真诚的信，信中充满了亲切和崇敬。小男孩说不管别人怎么想，他都会永远爱戴他这位皇帝。皇帝看完信后深受感动，并邀请这个男孩前来见他。男孩来了——连同他的母亲一起，最后皇帝娶了男孩的母亲。这个小男孩不需要读那些怎样交友、怎样影响他人的书，这些都是他本能的反应。

如果我们想要和某人结交朋友，就让我们首先为他做些事情——这需要时间、精力、无私以及体贴。当温莎公爵还是威尔士的王子时，他被安排去南美旅行。出发前，为了能够用南美土语发表公众演讲，他花了几个月的时间学习西班牙语，南美民众因他的亲民作风而对他十分爱戴。

许多年来，我一直很在意每个朋友的生日。应该怎么做呢？虽然我对占星术一窍不通，但是我会这样问他们：你相信一个人的生日与他的性格和脾气有关系吗？接下来，我会询问他们生日的具体日期。举个例子，如果他说 11 月 24 日，我就会一直对自己说："11 月 24 日，11 月 24 日。"趁他一转身的工夫，我会把他的名字和生日记到一张纸上，过后再誊到"生日簿"上。此后每一年，我都会将这些生日标在日历本上，以便随时提醒我。到了某人生日的那一天，我会寄封信或是发个电报。想象一下，他收到我的祝福会是多么高兴啊！

如果想结交朋友，就请用热情和真诚的态度去对待别人。如果有人给你打电话，也请用一种极为愉快的语调说一声"你好"，让对方感到你能够接到他的电话是多么高兴。许多公司训练接线员时，会要求他们用真诚、亲切的语气来应答电话，让对方感到他备受关注。以后当你接电话的时候，也请记住这点。

对他人表现出诚挚的关心，不仅可以为你赢得朋友，而且可以为你的公司发展忠实的顾客。下面是发表在纽约一家北美国家银行发行刊物中的来自储户玛德琳·罗斯代尔的一封信：

> 我真诚地希望你们能够知道，我是多么欣赏贵行的工作人员。他们每个人都彬彬有礼，非常客气，而且热心助人。在排了很久的队之后，如果有位工作人员对你亲切地打声招呼，这让人感到多么愉快。

> 去年，我母亲生病住了5个月的院。那时我经常遇到你们的一位工作人员——玛丽·彼得鲁西罗，她很关心我母亲，并常常询问她的病情进展。

玛德琳会与这家银行继续往来，我想这是毫无疑问的了。

查理斯·沃尔特斯是纽约市一家大银行的工作人员。一次，他受命为一家公司准备一份机密文件。他知道有一个人掌握了他所急需的所有材料，这个人是一家大型实业公司的董事长。当沃尔特斯先生走进这位董事长的办公室时，一位年轻女士从门外探进头来，说她今天没有什么邮票可以给老板。

"我正在给我12岁大的儿子集邮。"董事长向沃尔特斯先生解释道。

沃尔特斯先生向董事长诉说了他前来的目的，并且开始问问题。董事长的回答很含糊、笼统——很明显，他不愿说话，似乎

没有什么事情可以激起他谈话的欲望，那次面谈非常简短并且乏味。

"坦白讲，我当时不知道该如何去做，"沃尔特斯先生在给班上的学员讲起这事时说道，"直到我忽然想起来他秘书对他说过的话——邮票，12 岁大的儿子……而且，我还想起来我们银行的外事部有人在集邮——从世界各地的信件上取下的邮票。

"第二天下午，我再次前去拜访这位董事长，并请人传话进去，说我有些邮票要给他的儿子。结果呢？我是不是受到了热烈的欢迎？当然是的。即使他要竞选国会议员，恐怕也不会如此热情地和我握手。他向我亲切地微笑，说：'我的乔治肯定会喜欢这张的，'他一边抚弄这些邮票一边说，'看看这张，简直是无价之宝！'

"我们用了半个时辰来谈邮票，并看了他儿子的照片。之后他又用了一个多小时的时间来谈我需要的信息——我根本就没有向他提出任何请求，他就把他所知道的全部都告诉了我，还把他的下属叫进来询问。除此之外，他还给他的几位有业务往来的客户打了电话，把所有的事实、数字、报告以及书信都给了我——用新闻记者的话说，我搞到了独家新闻。"

如果你希望别人喜欢你，如果你希望赢得真正的友情，如果你希望在帮助别人的同时帮助自己，请牢记这条原则：真诚地关心别人。

5. 微笑的价值

> 喜欢微笑的人，在管理、教育和推销方面都比较成功，并且教育出来的孩子也更加开朗、乐观。笑容比起皱眉更能传情达意，鼓励比惩罚更有效。

在纽约的一次晚会上，一位富有的女宾客希望给在场的每个人都留下深刻的印象。于是，她用名贵的貂皮、珠宝来装饰自己，却不知道如何对自己的表情进行"修饰"，她的脸上充满了尖酸与刻薄。她并不明白，一个人脸上的神情，要远远比她身上所穿的衣服重要得多。

查理斯·施瓦布曾告诉我，他的微笑能值 100 万美元，他大概是想告诉我微笑的确有价值。就施瓦布个人而言，他的魅力以及他那令人愉快的能力，就是他成功的奥秘。在他的个性当中，最讨人喜欢的就是他那迷人的微笑。

微笑会让人觉得你非常友善，会让人感受到一种温暖，它表

示"我喜欢你，你令我非常开心，很高兴能见到你"。

这就是小狗为什么能够讨人喜欢的原因。它们见到人总是那么高兴，欢欣雀跃，活蹦乱跳。我们自然也愿意看到它们。

婴儿的微笑也能产生同样的效果。

你是否曾经去过医院的候诊室，那里到处都是等得不耐烦的阴郁面孔。密西西比州瑞镇的兽医斯蒂芬·史普罗医生告诉了我这样一件事：

一年春天，他的候诊室里坐满了人，他们都在排队等候给自己的宠物接种疫苗。大家相互之间都不说话，全都在不耐烦地等着。也许大家都在想该干些什么事情，而不是在这耗费时间，但始终没有人首先打破沉寂。这时，一位年轻的女士抱着一个9个月大的小孩和一只小猫进来了。她坐在一位先生旁边，而这位先生正因长时间的等候而不耐烦。非常幸运的是，当他朝旁边看时，发现小婴儿正在注视着自己，并且露出了天真无邪的微笑。这位先生于是也冲小婴儿微笑。然后他与婴儿的母亲攀谈起来，很快，整个候诊室的人都加入进来，气氛变得活跃起来，大家相互交谈，每个人都有了一次愉快的体验。

婴儿的微笑是真实的，不真诚的微笑是不会让人感到快乐的，如果是机械的、毫无诚意的微笑，人们只会感到厌恶。我们都喜欢真正暖人心房的微笑，一种发自内心的、在人际交往中极具价值的微笑。

密歇根大学的心理学教授詹姆斯·麦康奈尔谈了关于微笑的看法："喜欢微笑的人，在管理、教育和推销方面都比较成功，并且教育出来的孩子也更加开朗、乐观。笑容比起皱眉更能传情达意，鼓励比惩罚更有效。"

纽约一家大型百货公司的人事部经理告诉我，她宁愿雇用一位小学都没毕业却面带微笑的职员，也不愿意雇用一位满面愁容的哲学博士。

微笑的影响非常大。全美电话电报公司有一个非常著名的项目，叫作"电话的魔力"，它针对的是那些通过电话销售产品或服务的雇员。在这个项目里，电话公司建议在你打电话的时候，要面带微笑，因为你的"笑容"可以通过声音传达出去。

罗伯特·科瑞尔是俄亥俄州辛辛那提市的一家电脑部门的经理，他在一次课上讲到他是如何成功为一个极重要的职位寻找到合适的继任者的。

> 我很想招聘一位电脑方面的博士，最后我锁定了一位理想的有资质的年轻人，他即将从普渡大学毕业。经过几次电话交谈后，我了解到他同时还去好几家大公司面试过。当他接受我们的邀请时，我感到非常高兴。正式工作之后，我问他为什么会选中我们公司。他回答说："其他公司的经理在进行电话交谈时，总是用一种冷冰冰、公事公办的口吻，这使我觉得工作是一项交易。而您的声音听起来就像是非常高兴能接到我的电话似的……我确信您真的非常希

望我成为你们部门的一员。"的确，我都是面带微笑来应答
电话的。

美国最大的一家橡胶公司董事会的主席告诉我说，根据他的
观察，除非人们对某件事情真正产生兴趣，否则很难把它做成功。
这位实业家并不盲目地相信一句古老的格言：辛勤工作本身就是
开启我们愿望大门的钥匙。一些人起初事业成功，是因为他们确
实对自己所从事的工作感兴趣，但后来，他们渐渐变为工作的奴
隶。工作变得越来越乏味，他们失去了所有的乐趣，于是最终走
向了失败。

如果你希望别人见到你时心情愉悦，那么你在看到他们的时
候也一定要感到愉快。

我曾邀请数千名的商业人士，要求他们一周之内每天都要面
露微笑，然后再来谈谈这样做之后的效果怎样。下面是来自纽约
股票经纪人威廉·斯坦哈特的信，他的情况并不是个别现象。

"我结婚将近 18 年，"斯坦哈特写道，"在这期间，从起床到
收拾好准备出门，我很少对妻子微笑，或是对她说上一两句话。
我是那些行走在百老汇大街上脾气最坏的一个。

"当你邀请我加入'微笑行动'时，我当时想或许可以一试。
于是，第二天早上，我看着镜子里那副阴郁的面孔，对自己说：
'比尔，今天必须一扫你脸上的愁容，必须要面带微笑，而且必须
从现在就开始。'坐下来吃早饭的时候，我面带微笑向妻子打招呼
说：'亲爱的，早上好。'

"你之前提醒我说，她听到这话可能会大吃一惊。但你肯定低

估了她的反应。她看上去惊讶不已，简直是惊呆了。我告诉她，接下来她每天都可以看到我的笑容。因为从此以后，我每天早上都会这样做的。

"这改变了我的生活态度，我们家在这两个月中获得的快乐，要比去年一年中的快乐还要多。

"现在，在前往办公室的时候，我会以'早上好'朝公司的电梯员打招呼，并且对他报以微笑；还会冲着看门人微笑；另外，在地铁售票处兑换零钱的时候，我会对出纳员微笑；站在交易所大厅时，我会对着那些以前从未见过我笑的人展开笑容。

"很快，我就发现人们都对我也回报以微笑。对于那些爱抱怨、爱发火的人，我尝试着和颜悦色地对待他们。我面带笑容地听他们诉说，并且发现这样问题更加容易解决了。我发现，笑容给我带来了巨大的财富，我每天都能收获许多财富。

"我和另外一位股票经纪人共用一间办公室，他的一名下属是一个非常招人喜欢的年轻小伙子。因对自己所取得的进展感到很满意，我便把自己最近所学的为人处世的一些道理讲给他听。年轻人向我坦白道，一开始和我共用办公室时，他还以为我是个郁郁寡欢的人——直到最近，他才改变了对我的看法。他说，当我微笑的时候，他觉得很亲切。

"现在，我逐渐改掉了批评别人的习惯，我不再指责别人，而是欣赏和赞美他们；我不再只考虑自己的需要，而是开始尝试从别人的观点看待问题。这些做法真的改变了我的生活。现在，我完全变成了另外的一个人，一个更快乐、更充实的人，而且富于

友情和快乐——这些显然是最为重要的。"

你不喜欢微笑吗？那么你需要做两件事：

　　第一，请让自己微笑；

　　第二，如果你一个人独处，那么请要求自己吹口哨，哼一个小曲或是唱首歌，就好像你真的很快乐一样。这样你就会快乐。

微笑是你传播善意的信使，你的笑容可以照亮每一个看到它的人。对于那些看惯了皱眉、愁容满面，或是转过脸避开别人目光的人，你的笑容就如同阳光驱散雾霾般照进他们的心里。特别是对那些正受到来自上司、雇主、老师、家长或者恋人的压力的人来说，一个微笑可以使他们意识到生活并不是没有希望的——世上还是存在令人快乐的事情的。

6. 记住他人的姓名

> 姓名对于一个人来说是极为特殊、极为重要的。名
> 字把人跟人区别开，使得一个人成为世上独一无二的个
> 体。记住一个人的姓名，在人际交往上同样重要。

1898 年，纽约石头地郡发生了一件不幸的事，有个孩子夭折了，附近的邻居们正准备去参加葬礼。农夫吉姆·法利前往牲口棚去牵马，地上满是积雪，寒风凛冽，马已经有几天没有跑动了，好容易有机会出门，它高兴得又蹦又跳，把前蹄抬得老高，结果将吉姆·法利活活踢死了。这个小村庄一周内就要举行两场葬礼，真是非常不幸。

法利死后，留下了他的妻子和三个儿子，还有几百美元的保险赔偿。

他最大的儿子吉姆才 10 岁。为了维持生计，他小小年纪就到砖厂帮工挣钱，运沙子，然后把沙子倒入砖模中，再反扣砖模，

最后放在太阳底下晾晒。这个孩子没有受过多少教育，但由于天性随和，他身上有种受人欢迎的魅力。于是他开始参加政治活动，随着时光的流逝，他培养出了一种不寻常的才能——能记住每一个人的姓名。

他从没上过中学，但在他46岁的时候，有4所大学授予他学位，他最终成为美国民主党全国委员会的主席及美国邮政大臣。

我曾经采访过吉姆，询问他成功的秘诀。他对我说："辛勤工作。"我不大相信，就说："您别开玩笑了。"

于是他问我："你认为什么才是成功的因素？"我回答道："我知道你能叫出1万个人的姓名。"

"不，你错了。"他说，"我能叫出5万个人的姓名。"

不要小看这种本领，正是这种本领才能使吉姆先生帮助富兰克林·罗斯福入主白宫。那是1932年，他正在为罗斯福筹划选举活动。

在为一家石膏厂做推销员而四处奔波时，吉姆还在斯托尼波因特小镇做办事员，此时他想出了一套牢记他人姓名的方法。

刚开始的时候，这个方法非常简单。无论何时遇到一个陌生人，他都会想方设法地记住对方的全名，以及有关他的一些信息——如职业，家里有几口人，以及这个人的政治观点。他把这些信息牢牢地记在心上，等下次见到这个人，即使可能是一年之后，他也能像老朋友一样，询问对方家里的情况，问他家后院里的蜀葵长得怎么样。现在你应该明白了吧，为什么会有那么多人拥戴他！

在罗斯福竞选总统的前几个月，吉姆每天都要给西部和西北部各州的人写好几百封信。之后他坐上火车，在 19 天之内，行程12000 里，穿越 20 个州，除了火车外，他还以轻便马车、汽车和轮船代步。每到一个地方，他就和前来会面的人一起共进午餐，并和他们亲切交谈。

回到东部，他立刻给拜访过的每一个城镇的人写信，请对方帮忙把曾与他交谈过的客人名单寄给他。这份整理好的名单里有成千上万个名字，吉姆会给名单上的每一个人都写一封私人信函。这些信总是以"亲爱的比尔"或是"亲爱的珍妮"作为开头，信末署名"吉姆"。

吉姆早年就发现，普通人对自己的姓名最感兴趣。记住一个人的姓名，并轻易地叫出来，对这个人来说就是一种巧妙而有效的恭维。但是忘记或者说错一个人的名字，你就将自己置于一种不利的境地。我曾在巴黎举办了一堂公共演讲课程，并且给居住在城中的所有美国居民都寄去了一封信函。由于我雇用的法国打字员的英文水平太差，在录入姓名时犯了错误，结果一家大型美国银行的经理给我写了一封措辞严厉的信，指责我拼错了他的姓名。

有时候，我们很难记住一个人的名字，特别是这个名字很难念对时。于是许多人不愿下功夫，而是故意忽略，或是给这个人起个容易记的昵称。西德·莱夫曾拜访过一名顾客，这位顾客的名字很难记，叫作尼苛德莫·帕帕杜拉斯，人们都习惯称他"尼克"。莱夫曾告诉我说："在去拜访他之前，我特别用心记了他的名字。'下午

好，尼苛德莫·帕帕杜拉斯先生。'当我用他的全名称呼他时，他惊呆了，一言不发地站在那里，愣了好几分钟。最后，他热泪盈眶地对我说：'莱夫先生，我在这个国家已经待了15年了，从没有人愿意称呼我真正的名字。'"

什么是安德鲁·卡耐基成功的原因呢？

虽然他被称作"钢铁大王"，但是他对钢铁的制造常识却知之甚少，因为有成千上万的人为他工作，而他们对钢铁的认识都比他多。

安德鲁·卡耐基懂得如何与人相处的道理，这就是他发财致富的奥秘。在很小的时候，他就显示出了卓越的组织能力，是一位领导天才。在只有10岁的时候，他就发现了人们对自己的名字相当重视，他利用这个发现去赢得了更多合作的可能。有一次，他在苏格兰生活时，逮住了一只母兔子。很快，他就多了一窝小兔子，可他没有东西来喂它们，于是就想到了一个好办法。他告诉住在周围的小男孩、小女孩，如果他们可以找到足够的苜蓿和蒲公英来喂他的兔子，作为奖励他就用他们的名字来命名这些可爱的小兔子。

这个办法太神奇了，卡耐基一辈子都忘不了。

他在商业上运用同样的方法，赚到了数百万美元。一次，他想把钢轨推销给宾夕法尼亚州铁路公司，当时埃德加·托马森是该州的铁路公司的总裁。于是安德鲁·卡耐基就在匹兹堡建了一座大型钢铁厂，并以"埃德加·托马森钢铁厂"命名。

你来猜一猜，当宾夕法尼亚州钢铁公司需要铁轨时，他会从谁那里买呢？从西尔斯公司？罗巴克公司？不，你错了，请再猜一次。

卡耐基所控制的中央运输公司曾经与普尔曼的公司争夺太平洋联合铁路公司的汽车生意，两家互相排挤，大幅度减价，几乎到了无利可图的地步。卡耐基和普尔曼两人双双前往纽约，去见太平洋联合公司的董事。一天晚上，两人在圣尼古拉斯饭店碰面，卡耐基说道："晚上好，普尔曼先生，我们两个不是在这里出洋相吗？"

"你这是什么意思？"普尔曼问道。

于是卡耐基把他心中所想的说了出来——两家公司合并。他把两家公司联合之后的美好蓝图描述得天花乱坠，普尔曼认真地听着，但并没有被完全说服。最后他问道："那么，你将如何称呼这个新公司呢？"卡耐基立刻就答道："当然是普尔曼皇家汽车公司。"

普尔曼听后，脸上立刻露出了笑容，说道："到我的房间来，让我们好好谈一谈。"这次谈话改写了美国的工业史。

记住并尊重朋友和商业伙伴的名字，是安德鲁·卡耐基成为全球商业领袖的秘诀之一。因为能够叫出工厂内许多工人的全名，他感到很自豪，并说自己的工厂从来没有出现过罢工事件。

邦顿·爱是德克萨斯州康百士商贸公司的主席，他认为公司做得越大，人们之间的关系就会变得越冷漠。"有一个可以缓解这种情形的方法，"他说道，"就是记住人们的名字。如果一位执行官告诉我说，他无法记住人名，这意味着他无法抓住事业中的重要契机。这对他来说，将是一件既危险而又难以想象的事情。"

凯伦·克莱斯克是环球航空公司的空姐，她善于用心记住她所服务的机舱内所有乘客的姓名，并在为他们服务时亲切叫出来。

这一举动不但为她、也为航空公司赢得了乘客的赞誉。一位乘客曾写道："这是我第一次乘坐环球航班，我决定从今天起，不再乘坐其他航空公司的航班。你们的服务让我觉得是在享受私人航班，这太让人愉快了。"

法国皇帝拿破仑三世——也就是拿破仑皇帝的侄子，曾自我夸耀道："虽然我公务繁忙，但我仍然能够记住每一个我所遇到的人的名字。"

他的技巧是什么呢？非常简单。如果他一次没听清对方的姓名，那么他就会说："不好意思，我没听清你的名字。"如果这个名字不常见，他通常还会问："这要怎么拼写呢？"

在谈话的过程中，他会将这个人的名字反复记几次，并连同这个人的相貌、表情和外表一起记住。

如果对方是个很重要的人物，拿破仑三世就会记得更加用心。当他一人独处时，就会把那个人的名字写在一张纸上，仔细观看，用心牢记，然后把纸撕碎。通过这样的方法，这个人的名字就被他牢牢记在心里了。

所有这些都要花费时间，所以爱默生曾说过："良好的礼仪，是由小小的牺牲换来的。"

牢记并利用他人的姓名并不是君主和公司总裁的特权，对我们每个人都适用。名字把人跟人区分开，使得一个人成为世上独一无二的个体。当我们碰到关于一个人名字的问题时，就要给予特别的关注。不管对方是餐厅服务员，还是高级主管，记住别人的姓名，都会出现神奇的效力。

7. 成为一名出色的听众

千万别忘记，那个与你交谈的人，他对于自己的需求和问题，比起对你以及你的问题的感兴趣程度要超过百倍。一个美国人对于自己的牙疼的关注程度要比对别的国家死亡数百万人的灾难的关注度还要高；他对脖子上的一点痛痒的关注也要比对某地发生 40 次大地震的关注多得多。

不久前，我参加了一个桥牌聚会。但我不会打桥牌，旁边一位女士恰好也不会打，于是我们就闲聊起来。当她得知在洛厄尔·托马斯先生从事无线电行业之前，我曾给他做过经理，多次陪同他到欧洲各地旅行，并且帮助托马斯先生准备旅行中的即兴演讲。于是她说道："天哪，卡耐基先生，能不能请您给我讲讲你所见到的旅游名胜和沿途风光呢？"

她对我说，她和她的丈夫刚刚从非洲旅行回来。"非洲！"我说，"这可是个有趣的地方。我一直都想去看看，但我除了在阿尔

及利亚待过一天之外，其他哪儿都没去过。请告诉我，你曾去过野兽出没的国度？是吗？你太幸运了，我真的很羡慕你！请给我介绍介绍非洲的情况吧！"

结果，我们的谈话持续了45分钟。那位女士不再问我到过什么地方，不再关注我见到过什么。事实上，她并不想听我的旅行境遇，她所想要的是一名静静聆听的听众，这样她可以借此机会来大谈自己到过的地方，来满足自己的虚荣心。

她这样做很特殊吗？不，许多人其实都是这样的。

有一次，我在纽约一家著名的出版商举行的晚宴上遇到了一位杰出的植物学家。我以前从未跟植物学家交谈过，但我发现他极具吸引力。我一直挺直着背，静静聆听他介绍外来植物、培育新型物种时所做的试验，以及室内花草的相关知识，他甚至还告诉了我有关不起眼的土豆的某些惊人的事实。我自己有个小型室内花园，经常会遇到一些问题，他非常热情地告诉我如何解决那些麻烦。

我们当时是在一个晚宴聚会上，周围还有许多其他的客人，但是我违背了一般性礼节，忽略了其他所有人，与这位植物学家交谈了好几个小时。

到了深夜，我与每个人道过晚安之后，正准备离开，这时候这位植物学家转身面对晚宴的主人，对我大加赞扬。我被称作"最有魅力的人"，是一位"最有趣的谈话家"。

一位"最有趣的谈话家"？真的是我吗？可是我在整个谈话过程中几乎什么也没说。我对植物学的了解程度，就如同对解剖企鹅一般无知，如果不改变话题的话，我连一句话也说不出来。但是，请注意，我在整个过程中做到了认真地聆听。我专心地倾听着，因为我对这确实很感兴趣，他也感觉到了这一点。很显然，这给了他很大的鼓励。可见，认真地倾听别人谈话，是我们能给对方的一种最大的恭维。

杰克·伍德福德在他的《相恋的陌生人》中写道："很少有人能够拒绝那种带有恭维性的认真聆听。"另外，除了全神贯注地倾听，我做得甚至更好，我真诚地表示出对他的崇敬。

我告诉他，我被他丰富的学识吸引了，并且希望自己也能够像他一样——我确实希望如此。我还告诉他，我希望和他一起去田野散步——这也是我的真实希望。我告诉他说，我必须要再见到他。

这就是为什么我被他认为是"最有趣的谈话家"的原因。事实上，我只是个不错的听众，并且一直鼓励对方不断说话而已。

什么是成功的商业会谈的秘密呢？根据前哈佛大学校长查理斯·埃利奥特的说法："对于成功的商业会谈来说，本没有秘密可言……不过，全神贯注地聆听对方的话语，这是非常重要的。没有什么比这更让人高兴的了。"

埃利奥特本人就曾是"倾听艺术"这门学科的专家。美国第一位伟大的小说家亨利·詹姆斯曾回忆说："埃利奥特博士所说的倾听不仅仅是静静地聆听，而是一种积极的状态。他端正地坐着，上身完全直立起来，两只手交叉放在腿上，除了偶尔转动一下拇指之外，不再有其他举动。他面对着谈话的人，盯着对方的眼睛，

就好像也能从他的眼睛中读到东西一般。他一边注意聆听，一边思考如果是自己说话会是什么……在会谈结束时，务必要让谈话的人觉得把自己要说的都说了出来。"

这个道理很简单，不是吗？你不必去哈佛学习 4 年就可以领悟。然而你我也都知道，有的商家会租下豪华的店面，橱窗设计得很吸引人，商品也物美价廉，并且还不惜成本打广告，但是雇用了一些不懂得如何做个出色的倾听者的店员——他们常常会打断顾客的问话，反驳他们的观点，激怒顾客，这些做法都会使他们失去客源。

芝加哥的一家百货公司就曾经差点失去一位常客。这名顾客基本上每年都要在那里消费好几千美元，有一次却因为一名店员不懂得做个倾听者，从而把她得罪了。客人正是亨里埃塔·道格拉斯夫人，她参加过我在芝加哥举办的培训班。有一次，在那家百货公司，她曾在特价的时候买过一件外套。回家之后，她发现内衬里有一小块破损，于是把衣服拿回去准备换一件。但是店员不同意换，她甚至不愿意听道格拉斯夫人解释。"你是在特价的时候买的，"她指着墙上的一块指示牌说，"瞧，'概不退换'，一旦你买下了，你就得认了。自己把破损处补补吧。"

"但是这件衣服是件残次品。"道格拉斯夫人辩解道。

"这没什么差别，"店员打断了她的话，"卖出去了就是卖出去了。"

听到这话，道格拉斯夫人气冲冲地想要离开，发誓再也不到这家商店购物。这时，商店经理拦住了她。

经理认真地听道格拉斯夫人把经过讲完，中间没有插一句嘴，然后说道："特价商品都是剩下的尾货，所以我们一般都会在季末打折出售它们。但是'概不退换'原则是不适用于特价商品的。我们当然会为您修补，或是为您换个内衬。如果您坚持退货的话，我们还可以把钱退给您。"

看看，这是多么鲜明的对比啊！如果这位经理没有走过来，耐心倾听顾客的投诉，那么这家店就会永远失去一位长期的主顾。

学会倾听，对于一个人的家庭生活同样非常重要。纽约哈得逊医院的米莉·埃斯波西多就是这样。在孩子想要向她诉说的时候，她总是静静地聆听。一天晚上，埃斯波西多夫人和儿子罗伯特坐在餐厅的椅子上，罗伯特说道："妈妈，我知道你非常爱我。"

听了这话，埃斯波西多夫人很感动，她说："当然，亲爱的，我非常爱你。难道你不相信吗？"

罗伯特立刻回答道："不是的，我很清楚你对我的爱。因为无论什么时候我想对你说话，你都会放下手中的一切，静静地听我说。"

那些长期爱抱怨的人，甚至是最激烈的批评家，在一位富有耐心和同情心的听者面前都会变得温柔和顺从。特别是当发怒的找茬者像眼镜蛇般射出"毒液"时，听众要保持沉默和安静。有一次，纽约电话电报公司不得不安抚一位曾对接线员恶语相向的顾客。他歇斯底里地威胁说要毁掉电话线路，并拒绝支付某些电话费用，因为他认为那是不合理的。另外，他还给报社写信，给公共服务委员会寄去了无数封投诉信，并数次向法院起诉电话电报公司。

最后，公司里一位经验最为丰富的调解员被派去会见这位"狂暴的麻烦制造者"。调解员静静地聆听这位坏脾气顾客倾吐自己的心声，没有插过一句嘴，并且不断地说"是的，是这样"来做回应，并对他的遭遇深感痛惜。

"他毫无顾忌地大声讲着，而我静静听了将近3个小时，"这位调解员说，"之后我又多次去他那里，都是静静地倾听。我先后拜访过他四次，在第四次访问即将结束的时候，我已经成为他所创办的一个组织的一名主要会员。他把它叫作'电话用户权益保障组织'，直到现在，我仍是这个组织的会员——就我所知，我也是这个组织里的唯一一名成员。

"我静静地听着，并对他谈话中说到的每一点都表示遗憾和惋惜。也许是因为从来没有一位电话接线员曾以这种方式和他交谈，渐渐地，他变得和善了。我第一次去拜访他时，根本没有把我此行的目的告诉他，第二次、第三次也是这样。但是到了第四次时，我使这件事情有了完满的结局：他缴清了所有的欠款。自从与电话公司作对以来，他第一次撤销了向公共服务委员会的投诉。"

毫无疑问，这位"麻烦制造者"自认为是个伟大的公益保卫者，自认可以保障公众的权益免受损害。但是事实上，他真正追寻的是一种自重感。他通过挑剔和抱怨得到这种自重感，一旦他从一位电话接线员那里得到满足之后，他所有那些并不真实的委屈就消失不见了。

朱利安·戴特默是戴特默公司的创始人，后来他的公司发展成为世界服装行业最大的一家毛织品供应商。几年前的一个早上，一位愤怒的顾客闯进了朱利安的办公室。

"这个人欠了我们公司一小笔钱，"戴特默先生描述道，"尽管他不承认，但他确实是错了，所以我们的信用部门坚持让他支付。在收到了几封信用部寄去的催讨信之后，他整理好行囊，来到了芝加哥，然后怒气冲冲地闯进我的办公室里，告诉我说他不仅不会支付那笔欠款，并且今后再也不订购我们公司一分钱的货了。

"我尽量耐心地把他的话听完，虽然好几次我都想要打断他，但一想到这并不能解决问题，我就强忍住自己的情绪。于是，我让他尽情发泄。最后等到他不那么激动了，情绪平复了，我这才平静地对他说：'非常感谢你能前来芝加哥，让我了解这件事。您给我帮了个大忙，因为如果我的信用部使您不愉快的话，同样也会使其他顾客不高兴，那样的话可就太糟了。请相信我，我比你更想知道这件事的真相。'

"他怎么也不会想到我会这么说，表情有些失望。因为他来到芝加哥本是想和我大吵一架，然后趁机赖掉那笔钱。但是我没有和他理论，反而还要感谢他。我向他保证我们要把那笔欠款一笔勾销，因为我们和他之间只涉及一份账目，他是个极为仔细的人，而我们的员工却要负责几千份账目，因此，他犯错的概率要比我们小很多。

"我告诉他说，我很明白他的心情，如果处在他的位置，毫无疑问，我的感受也会和他一样。既然他不想再从我们这里进货，我可以给他介绍几家别的公司。

"以前，他每次来芝加哥，我们都要一起吃午饭。这次，我照例请他出去吃饭，他很不情愿地接受了我的邀请。但当我们返回办公室时，他订购了比以往多出几倍的货物，然后心平气和地回去了。为了回报我的宽厚，回去之后他核查了账目，发现了一张以前他放错了地方的账单，这才明白真的是自己搞错了。于是，他寄给我们一张支票，并附上道歉信。

"后来，他的妻子给他生了个儿子，他给孩子取名为戴特默。我们保持了 22 年的朋友和生意伙伴关系，直到他去世。"

多年前，一位贫穷的荷兰移民男孩每天放学后，都要去蛋糕店擦窗户帮工，以此来补贴家用。他的家庭非常贫困，他每天都要挎个小篮子，到大街上去捡拾从运煤车上掉下来的煤渣。这个男孩就是爱德华·博克，他只在学校里读过 6 年书，后来却成为美国新闻界史上最成功的一家杂志社的编辑。他是怎样做到的呢？说来话长，但关于他是如何开始的，我们可以在这里做个简单的介绍，因为他正是利用本章所介绍的道理而走向成功的。

爱德华在 13 岁的时候就离开了学校，在西部联盟做童工，但从未放弃过任何受教育的机会。后来他开始自学，把车费和午餐费省下来，攒下足够的钱买了一本《美国名人传记大全》。随后他做了一件人们从来都没听说过的事——他读了那些名人的生平，并写信给他们，请求得到关于他们童年时期的相关补充资料。他是个非常出色的听众，恳请那些名人谈论他们自己。爱德华曾给詹姆斯·葛菲尔德将军写信，当时葛菲尔德将军正在竞选总统，爱德华询问他以前是否曾做过运河的纤夫。葛菲尔德给他回了信。

爱德华还给格兰特将军写信，询问有关某次战役的相关情况。格兰特将军特意为他画了一张地图，并邀请这位 14 岁的男孩共进晚餐，还和他谈了整整一个晚上。

很快，这位西部联盟的小信使与全国许多名人都有了联系，他们是拉尔夫·沃尔多·爱默生、奥利弗·温德尔·霍尔姆斯、朗费罗、亚伯拉罕·林肯夫人、路易莎·梅·奥尔科特、谢尔曼将军、杰弗逊·戴维斯等。他不仅和这些名人进行书信往来，到了假期，他还会去拜访他们中的许多人，并被奉为上宾，很受欢迎。这些经历培养出了他积极上进、充满自信的个性。与这些优秀的人相处，激发了他的奋斗精神，从而改变了他的人生道路。让我再说一次，所有这些，都是因为运用了本章所讨论的原则，才变为可能的。

因此，如果你想要成为一位出色的谈论家，一个善于倾听的人，想要别人对你感兴趣，那么你首先需要对他人感兴趣，提出一些别人愿意作答的问题，鼓励对方多谈论自己，以及他们的成就。

千万别忘记，那个与你交谈的人，他对于自己的需求和问题，比起对你以及你的问题的感兴趣程度更为热忱百倍。一个美国人对于自己的牙疼的关注程度要比对别的国家死亡数百万人的灾难的关注度还要高；他对脖子上的一点痛痒的关注也要比对某地发生 40 次大地震的关注多得多。因此，在你下次与人谈话的时候，请不要忘了这一点。

8. 让别人觉得自己重要

> 生活中，存在着一个举足轻重的原则，如果我们遵
> 从这条原则，就永远也不会遇到麻烦；要是不遵从它，
> 就会陷入无尽的麻烦。这个原则就是：让别人感受到他
> 们自己的重要性。

纽约三十三大街和第八大道交会处有一所邮局，我常在那里排队等着寄信。有一次，我注意到有一个邮局职员看起来很厌烦他的工作——称信封重量、盖邮戳、找零钱、开收据——这些重复单调的动作，日复一日，年复一年，难免不让人发疯。我对自己说道："我想努力让这个邮局职员喜欢上我。显而易见的，如果要让他喜欢，我必须得说些他喜欢听的话，而不是我喜欢的。"于是，我又问自己："他有什么东西会让我羡慕呢？"有时，这是一个很难回答的问题，特别是对陌生人而言。但是，在如今这种情况下却不难发现答案，因为我在他身上发现了我一直都很羡慕的

东西。

当他称我的信封重量的时候，我很激动地说："我真的好想拥有你那样的头发呀！"

他抬起头，眼神中流露出惊讶的表情，脸上随即也浮现出微笑。"其实它没有以前那么好啦！"他很认真地说道。我也十分确信地告诉他，尽管它可能没有以前那么漂亮，可仍然很漂亮。他喜出望外，对我说："很多人都羡慕我的头发。"

我相信那位邮局职员中午吃饭的时候心情会很好，他晚上回家肯定会对他的妻子提起这件事，他还会反复照镜子，对自己说："我的头发真漂亮啊！"

我在一次公共演讲上提起这件事情，有个人问我："你想要从那个小职员那里获得什么？"

我想要从那个小职员那里获得什么！我想要从那个小职员那里获得什么？

如果我们都这么功利，认为如果不能从别人那里获取到好处就不开心，不愿意真诚地欣赏别人——如果我们的灵魂还没有一只蟹壳大，那么我们迟早注定是要失败的。

是的，我的确想要从那位职员身上获得什么，但我想要的东西是无法用金钱来衡量的。当然，我最后也得到了。即使时光流逝，这段记忆也仍然会在我的脑海中闪闪发光。

生活中，存在着一个举足轻重的原则，如果我们遵从这条原则，就永远也不会遇到麻烦；要是不遵从它，就会陷入无尽的麻烦。这个原则就是：让别人感受到他们自己的重要性。正如约翰·杜威所说的那样："人类本性中最深层的渴望，就是试图让自己变得重要。"威廉·詹姆士说："人类本性中最深的渴望就是渴望被别人欣赏。"我也强调过："这种希望自己变得很重要的渴望是人和动物的最大区别，这种渴望也是对文化本身的一种回应。"

哲学家思考这个人际关系准则已有千年了，但最终只得出一个教训——这个教训像历史一样古老，波斯的梭罗亚斯德在 2500 多年前就用它教导过他的同伴，中国的孔子在 2400 多年前就这样教导过他的学生，道家学派的创始人老子在 2500 多年前也这样告诫过他的门徒，佛教创始人早在公元前 500 年就在恒河边上如是教导他的信徒。这个准则就是"己所不欲，勿施于人"。

你想要得到别人的认可，你想要证明你的价值，你想要在你生活的这个小小的世界中感受自己的重要性，但你不想要那些廉价、敷衍的赞扬，而是渴望得到真诚的赞美。你想要你的朋友和同事都像斯瓦布所说的那样"真心诚意地认同别人，从不吝啬自己的赞美"。所有的这些都是你想要的。那么，请遵守这条黄金准则吧！请先给予别人，我们应该给予他们所希望得到的东西。

那么应该在什么时候、什么地点给予别人想要的东西呢？答案是：无论何时，无论何地。

威斯康星州奥克莱尔的大卫·G. 史密斯在我的培训课上讲述了一个故事。有一次，在一个慈善音乐会上，他负责音乐会的自助餐。

那天晚上我来到举办慈善音乐会的公园的时候，看到两个很郁闷的老夫人露西和简站在餐桌旁边。她们都认为自己该主持这次慈善音乐会。当我正在考虑该怎么做时，一位募捐委员的成员过来把募捐箱交给了我，让我来主持那天的晚会，并让露西和简两位女士来帮我。说完之后，那人就离开了。

我的大脑一片空白。几秒之后，我意识到募捐箱某种程度上是晚会权力的象征，于是就叫露西拿着募捐箱，并向她解释道我可能不善于保管这些钱财，如果她能帮我就好多了。然后，我又让简去教两个小伙子如何开汽水瓶盖，并让她在本次晚会上负责这一部分。

那天晚上大家都很惬意。露西很高兴地数着募捐来的钱，简开心地督促着两个小伙子，而我舒舒服服地听了一场音乐会。

你不需要成为多么伟大的人物后再使用这一原则，现在就可以天天都使用它。

在餐厅，明明你点了炸鸡，服务员却给你端来了土豆泥，这时请你说："对不起，再麻烦您一下，我想要的是炸鸡。"她应该会说道："一点也不麻烦。"她还会很高兴地去帮你换菜，因为你表现出了对她的尊重。

那些我们日常用到的句子，如"我很抱歉打扰您""请问您是否能帮我一个忙""您能帮我一下吗""您不介意吗""谢谢您"，这些很小的一点礼貌用语就可以让一天沉闷的生活变得更有滋味，它们是你良好教养的闪光点。

我们再看看这个例子。霍尔凯恩的小说《天主教徒》《曼岛

人》等作品都是 21 世纪初的畅销书籍，数以百万的人都读过他的书。他原本只是一个铁匠的孩子，一生中只读过 8 年的书，但当他逝世的时候，他是那个时代最富有的作者之一。

霍尔凯恩喜欢十四行诗和民谣，他狼吞虎咽地看完了但丁、加百利、罗塞蒂所有的诗歌。出于对但丁的崇拜，他写了篇散文来颂扬但丁在艺术方面的成就，同时还给但丁本人寄了一份。"对我的能力有如此高评价的人，"但丁半开玩笑地说道，"肯定也是个天才。"于是，但丁邀请这个铁匠的孩子到伦敦担任他的秘书。这正是霍尔凯恩一生的转折点。在这个新的位置，他整天接触文学巨匠，在他们不断帮助和激励下，他终于成为文学界的大家。

霍尔凯恩的家位于马恩岛的格瑞巴堡，那里现在成了一个世界著名的旅游景点。他身后留下了数百万的房产。然而，如果他没有写那篇赞扬但丁的散文，那么他很有可能贫困潦倒、默默无闻地死去。

这样一种力量——它是惊人的——是来自人们内心深处真挚赞美的力量。但丁认为自己很重要，那么这点并不奇怪，几乎每个人都认为自己很重要，非常的重要。

只要让别人觉得自己重要，那么很多人的命运就很有可能因此而改变。罗纳德·⋯⋯多兰是我们培训中心的一名讲师，也是一位艺术和工艺品老师。他告诉我们一个关于他学生的故事。

克里斯是罗纳德工艺品普通班上的一名学生，他害羞、腼腆、稍稍缺乏自信，这类学生往往被人们忽视。罗纳德同时还教着一个快班。能进入快班学习，对于学生而言，是一种地位或者特权的象征。

　　一个星期三，克里斯趴在他的课桌上做功课。我能真切地感受到他体内那股被压抑的激情，就试探性地问他是否想进入快班学习。克里斯为之一振，脸上洋溢出一种难以言说的表情，泪光在他的眼里闪烁。

　　"是我吗，罗兰先生？我真的可以进入快班学习吗？"

　　"是的，克里斯。你现在可以进入快班学习了。"

　　当时我也被眼前的这一幕感动了。那天，克里斯离开教室的时候，整个人完全不同。他容光焕发，神采奕奕转过头激动地对我说："谢谢你，罗兰先生。"

　　克里斯给我上了一节永远也不会忘记的课——我们内心最深处都渴望自己变得重要。为了永远都不忘记这一条原则，我写了一个横幅"你是重要的"挂在教室讲台上，时刻提醒自己牢牢记住这条原则。

　　几乎每个你遇到的人都会认为他在某些地方比你强，这是一条永恒不变的真理。赢得这种人心的办法就是，以一种微妙的方式让他们意识到你了解他们的重要性，并真诚地认同他们。

　　孔子说过一句话："三人行，必有我师焉。所以我们要会向别人学习。

　　然而不幸的是，很多人稍微有一点点成就，就开始变得轻浮起来。如同莎士比亚所说的那样：

　　　　……人类，那么自大的人类，

穿着一件单薄的权威的外衣，

在苍天之下表演，哗众取宠，

天使看了惋惜不已。

接下来，我将告诉你，我们班上那些商人是如何运用这些原则来获得非凡业绩的。先拿康涅狄格州的一位律师 R 先生来说吧。

课程开始不久，有一天 R 先生和他的妻子开车回纽约长岛拜访亲戚。妻子让他陪着老姑妈，自己却跑去找另外几个年轻的亲戚玩了。那时，R 先生刚上完了如何运用那些原则来处理人际关系这一课，他想也许和这位老姑妈聊天能获得一些有价值的经验。于是，他仔细打量老姑妈的房子，试着去发现有什么值得他羡慕的东西。

"这个房子是在 1890 年修建的吗？"他问。

"差不多，"姑妈回答道，"是在 1889 年修起来的。"

"这让我想起了我出生的那所房子。"他说，"它很漂亮，空间很大，结构也很好。现在再没有人会这样造房子了。"

"是这样的，"老姑妈说，"现在的年轻人并不在意这些漂亮的房子，他们想要的只有小小的公寓，还在家里装满了全自动电器。"

"这是一座让人梦寐以求的房子，"她用微微颤抖的声音回忆道，"因为这所房子是用爱修建起来的。我的丈夫和我一起梦想了很多年，想修建一所属于自己的房子，可我们没有建筑师，最后全靠自己设计建造了这所房子。"

然后，老姑妈带着 R 先生参观房子。这位老太太以前在每次旅游的途中都会淘很多很漂亮的东西带回来——佩斯利涡纹旋花呢的披肩，英国古典茶具，韦奇伍德的陶瓷，法式的床椅，意大利绘画，还有法国城堡里悬挂过的丝布。R先生对这些东西的美丽和精致大为惊叹。

参观了房子后，老姑妈又把他带到了花园，那里停靠着一辆崭新的皮卡车。

"我的丈夫在去世前不久给我买了这辆皮卡车，"她很平静地说着，"只是自从他去世后，我就再也没有开过它。你很懂得欣赏美好的东西，现在我要把这辆车送给你。"

"为什么？亲爱的姑妈？"他说，"您已经对我太好了，我十分感谢您的慷慨。但是，我不能收下您的车，我甚至都不是您的亲人。再说我已经有车了。您还有很多的亲戚，他们会很喜欢这辆车的。"

"亲人？"她咆哮道，"是的！我有很多亲人，他们都在一边静静地等着我老死，然后好得到我的这辆车。可实际上，他们谁也别想得到。"

"如果你不想把车子给他们，也可以很轻易地把它卖给二手车行啊？"

"卖掉它？"她尖叫道，"你认为我会卖掉这辆车？你认为我会站在一边看着陌生人坐在我的车里到处兜风吧？不！这辆车是我丈夫最后留给我的！就算饿死我也不会卖掉它。我要把车给你，是因为你很懂得欣赏美好的事物。"

他努力拒绝接受老姑妈的馈赠，可这样会伤害到老人的感情。

所以最后，他只得接受这部车。

后来，这位老姑妈一个人静静地死在了这所大房子里。佩斯利涡纹旋花呢的披肩，英国古典茶具，韦奇伍德的陶瓷，法式床椅，意大利绘画，还有法国城堡里悬挂过的丝布都放置在她身边。这位老姑妈曾经也是一位年轻美丽、追求时尚的女人，她和她的丈夫一起修建了他们温暖的爱巢，寻遍欧洲各地，找来了各式各样精美的装饰品。现在，她上了年纪，一个人孤独寂寞地生活，她渴望得到别人的欣赏，同时也渴望获得一点点温暖和关心。但是，没有一个人给她。一旦她获得了一点安慰，整个人都变得喜悦而满足。除了把她珍藏的那辆皮卡车送给 R 先生外，没有其他的方式可以表达她的喜悦之情了。

让我们再看看另一个例子，唐纳德·M. 麦克马洪是刘易斯和瓦伦丁的主管，也是纽约的一名建筑师。

"在我参加'人性的弱点'的讲座后，一次，我去帮一名十分有名的法官做环境美化。法官只是很简单地告诉我他希望在哪里种植杜鹃花。

"我对法官说：'法官，你有一个很不错的爱好。我很羡慕你养的那些狗！它们让您每年都在曼迪逊广场举办的晚会上赢得很多的荣誉。'"

这一赞美之词起到了很显著的效果。

"'是的，'法官说道，'我的狗儿们真的很有意思呢！你想看看它们的窝吗？'

"接下来，法官花了足足一个多小时向我展示他的狗和狗获得的奖状。他甚至把那条纯种的名犬也牵出来，向我解释这条狗的家族谱系。

"最后，他转过身问我：'你家有孩子吗？'

"我回答道：'是的，有一个儿子。'

"'不知道他想不想要一只小狗呢？'法官问我。

"'他是一直想要一只小狗。'

"'那好啊，那我就给他一只吧。'法官说道。

"随后，法官开始教我如何喂养小狗。正说得起劲，他突然又停下来，说：'不行，就这样告诉你，你肯定会忘记的。我还是写下来吧。'于是，他又走进屋去，用打字机把全部注意事项都打了出来。最后，他送给我一只价值好几百美元的小狗，还有他宝贵时间中的一个半小时。这些都是因为我对他的爱好表达了诚挚的赞美。"

柯达之父乔治·伊士曼发明了透明底片，这才使电影成为可能。他累积了几十亿的资产，成为世界上最有名的商人之一。然而，尽管他已经如此成功了，却仍然像你我一样渴望一点小小的认同。

当年，伊士曼要修建伊士曼音乐学校和罗切斯特的亦兮剧院，经营高级座椅公司的商人埃德森想得到这笔订单。在和伊士曼的建筑师取得联系后，埃德森前往伊士曼的办公室商谈。

建筑师告诉他："我知道你们很想得到这笔订单，但你最多只能跟伊士曼先生谈 5 分钟。他很忙，而且很有时间观念，所以你最好不要拖泥带水。"

这一切埃德森都已经预料到了。

当他进入伊士曼的办公室时，见他正埋头审批文件。伊士曼见有人来了，缓缓地抬起头，取下眼镜，向他走过来，说："早上好！先生，请问我能帮你做些什么吗？"

埃德森说："先生，您的办公室真的很不错啊！我也很想有一间这样的办公室。我一直在做室内装修，但从没见过比这更漂亮的办公室。"

伊士曼回答道："你提醒了我一点。这间办公室是很漂亮，刚装修完的时候，我也特别地喜欢它。但现在我每次来这里，脑子里全是乱七八糟的事情，有时一周都不会看上这间屋子一眼。"

埃德森走到办公桌前，轻轻把手放在桌子上，说："这是英国橡木做的，是吗？它和意大利产的橡木在纹路上有一点不同。"

"是的，"伊士曼回答道，"从英国进口的橡木。这是一个专门从事精细木饰的朋友帮我挑的。"

接下来，伊士曼带他在房间里转了转，聊着房间的大小比例、色彩搭配，还有手工艺装饰品等话题。

他们在屋里转悠的时候，埃德森不吝辞藻地表述了自己对这间办公室的赞美。他们来到一扇窗前，伊士曼用很和缓的声音说他现在正在努力募集资金修建几所慈善机构，有罗切斯特大学、大众医院、天然顺势治疗医院。埃德森赞扬了伊士曼为慈善事业做出的努力。随后，伊士曼打开一个玻璃盒子，从里面拿出一个照相机。这是他拥有的第一台照相机——那是从一个英国人那里买来的。

埃德森问他早年是如何摸爬滚打的，伊士曼颇有感触地提起了他的童年。那时他饱受贫穷和饥饿折磨，爸爸去世后，他和妈妈艰难度日，贫困夜以继日地折磨着他们。他不得不去一家保险公司当文员。他那时就下定决心要赚很多钱，让妈妈过上好日子。

埃德森完全被伊士曼的经历所吸引。伊士曼那时就在一间小小的工作间里，夜以继日地做试验。有一次，他一口气做了72个小时的试验。他在试验的间隙随便吃两口东西，晚上就裹着衣服睡觉。

一个小时过去了，两个小时过去了，他们仍在一起谈论各种各样的事情。

伊士曼对埃德森说："上次我去日本的时候，买了几把椅子。我把它们放在向阳的门廊上，结果都褪色了。于是，我去城里买了涂料，又把它们重新漆了一遍。你想去看看我把那些椅子都漆成了什么样吗？好吧，去我家吃顿饭，再顺便看看我的椅子。"

吃完饭后，伊士曼带他看了日本椅子。它们并不值钱，但身家亿万的主人伊士曼——却为自己漆过这几把椅子而高兴得像小孩一样。

所有场馆的椅子的总订单高达九万美元。你们猜猜是谁赢得了这笔订单呢？是埃德森，还是他的竞争者呢？——肯定是埃德森！

从那时起，一直到伊士曼去世，他和埃德森都是非常亲密的朋友。

克劳德·马莱是法国里昂的一家餐厅老板，他也运用同样的

方法挽留了一名重要员工。这位女员工在餐厅里干了5年，是老板和21名员工之间最重要的联系人。当克劳德收到她的辞职信时，十分惊讶。

他说："我十分吃惊，还有些失望。因为我觉得我对她很公正，几乎满足了她所有的需要。不过可能由于她不但是我的朋友，还是员工，我对她也许要求得太多，也太过于理所当然。

"如果她没有足够的理由，我肯定不会接受她的辞职。于是我把她叫到一边，说：'博莱特，对不起，我不能接受你的辞职。你对我和这家餐厅都意义非凡，你为这家餐厅的成功付出了很多东西。'我当着很多员工的面反复地说这些话，然后邀请她到我家吃饭，不断地重复着我相信她、我的家人也相信她的话。

"博莱特最后收回了她的辞职信。而如今我比以前任何时候都更加信任她。我时常在员工面前表扬她，说她对我们餐厅有多么重要。"

"多和别人谈论一下他们，"迪斯累利说，"多谈别人，而不是你自己，他们会愿意听你说上好几个小时的！"

走出孤独忧虑的人生

*HOW TO WIN FRIENDS AND
INFLUENCE PEOPLE & HOW TO STOP
WORRYING AND START LIVING*

$9.$ 让自己忙起来

对大部分人来说，当日常工作使他们忙得团团转的时候，"沉浸在工作中"大概不会有多大问题。可是一旦下班以后——也就是能够自由自在地享受轻松和快乐的时候——忧虑就开始袭击我们。

我永远都忘不了几年前的一个晚上，我班上的一个学员马利安·道格拉斯告诉我们，他家里遭受到的不幸悲剧——不止一次，而是两次。第一次，他失去了 5 岁的女儿，这是他非常喜爱的孩子。他和他的妻子都无法承受这个打击。可是，不幸远未结束，"10 个月之后，上帝又赐给我们另一个小女儿，但是她只活了 5 天就死了"。

面对接连而来的打击，即使再坚强的人也无法承受。"我承受不了，"这个父亲告诉我们说："我吃不下睡不着，也无法休息或放松。我精神上受到了致命的打击，信心全没了。"最后，他去看了医生。有一位医生建议他吃安眠药，而另外一位医生则建议他去旅行。他试了这两个方法，可都没有用。他说："我的身体犹如夹在一把大铁夹子里，而这把铁夹子越夹越紧，越夹越紧。"那种悲哀带给他的压力太大了——如果你曾经因为悲哀而感觉麻木的话，就会知道他的感受是什么。

"不过，感谢上帝，我们还有一个孩子——一个 4 岁大的儿子，他教我们找到了解决问题的方法。一天下午，我悲伤地呆坐在那里，他问我：'爸爸，你肯不肯给我造一条船？'当时，我实在没有心情给他造船——事实上，我根本没有心情做任何事情。可是我的儿子是个很会缠人的小家伙，我不得不按着他的意思去做。

"造那条玩具船，我大概花了 3 个小时，等到船造好之后，我发现在造船的这 3 个小时里，竟成了我这段时间以来心情最放松的时间。

"这个发现使我从恍惚中惊醒过来，也使我想了许多——这是我几个月来第一次认真思考。我发现，如果你忙着做一些需要计划和思考的事情的话，就很难再有时间去忧虑了。对我来说，造那条船时我的忧虑全都消失不见了，于是我决定让自己不停地忙着。

"第二天晚上，我查看了每一个房间，把所有要做的事情列成一张单子。有许多小东西，如书架、楼梯、窗帘、门钮、门锁、漏水的龙头等需要修理。让人意想不到的是，我在两个星期里竟然列出了 242 件需要做的事情。

"在过去的两年里，这些事情大部分都已经做完了。此外，我还给我的生活增加了富有启发性的活动：每个星期抽出两个晚上到纽约市参加成人教育班，并参加了小镇上的一些活动。现在我是校董事会主席，参加过很多会议，并协助红十字会和其他组织机构募捐……我忙得几乎没有时间去忧虑。"

没有时间去忧虑，这也正是丘吉尔曾说过的。当时战事紧张，他每天要工作18个小时，当别人问他是不是对如此沉重的责任感到忧虑时，他说："我太忙了，根本没有时间忧虑。"

查尔斯·科特林在发明汽车自动点火器的时候，也碰到过类似的情形。科特林先生一直担任通用汽车公司的副总裁，主管世界知名的通用汽车研究公司，不久前才退休。当年他穷得只能租堆稻草的谷仓做实验室，全家的生活开销也只靠他太太教钢琴所赚来的1500美元。后来，他又不得不用他的人寿保险做抵押借来500美元。我问他太太，她在那段时期是不是很忧虑？"当然，"她回答说，"我担心得睡不着，可是我的丈夫一点都不担心。他整天沉浸在工作里，根本没有时间去忧虑。"

伟大的科学家巴斯特也曾经谈过"在图书馆和实验室所找到的平静"。为什么会在那儿找到平静呢？因为在图书馆和实验室工作的人，通常都埋头于他们的工作，没时间为自己担忧。做研究工作的人也很少精神崩溃，因为他们没有时间享受这种"奢侈"。

为什么"让自己忙着"这么简单的一件事情，就能把忧虑从你的思想中赶出去呢？因为一个人不论多么聪明，都不可能在同一时间想两件以上的事情——这是心理学所发现的基本定理之一。

让我们来做一个实验：假定你现在靠坐在椅子上，闭上双眼，试着在同一个时间去想自由女神，以及你明天早上打算做什么。你会发现，你只能轮流想其中的一件事，而不可能同时想两件事情，对不对？就你的情感来说，也是如此。我们不可能充满热情地去想一些令人兴奋的事情，同时又因为忧虑而拖延下来。

一种感觉会把另一种感觉赶出去——也就是这么简单的发现，使得军方一些心理治疗专家能够在战时创造出医学奇迹。

当有些军人因为在战场上受到打击而退下来的时候，他们都患上了一种"心理上的精神衰弱症"。军队医生对此大都采取了"让他们忙着"的治疗方法。除了吃饭、睡觉之外，这些在精神上受到打击的人每时每刻都在活动，如钓鱼、打猎、打篮球、打高尔夫球、拍照片、种花、跳舞等，根本不让他们有时间回想那些可怕的经历。

"职业性治疗"是近代心理医生发明的新名词，也就是把工作当作治疗疾病的药。这并不是什么新方法——在耶稣诞生的500年以前，古希腊的医生们就已经使用这种方法为人治病了。

在富兰克林时代，费城教友会的教徒也使用过这种方法。1774年，有一个人去参观教友会办的疗养院，当他看见那些精神病人正忙着纺纱织布时，大为震惊，他认为那些不幸的人正在被剥削。后来教友会的人向他解释说，他们发现那些病人只有在工作的时候，病情才能真正好转，因为工作能让他们安定。

随便哪个心理治疗医生都会告诉你，工作——不停地忙着，是治疗精神病的最好良方。著名诗人亨利·朗费罗先生在他年轻的妻子去世之后，也发现了这个道理。

有一天，他太太点燃一支蜡烛，本想熔化一些封信封的火漆，结果衣服着火烧了起来。朗费罗听见她的叫喊声，立即赶过去抢救，但已经晚了，最终她还是因为烧伤而离开了人世。有很长一段时间，朗费罗都忘不掉这件可怕的事情，几乎发疯了。幸好有3个幼小的孩子需要他照料，他虽然很伤心，但还是要父兼母职。他带他们出去散步，给他们讲故事，和他们一起做游戏。他们父子之间的亲情永存在《孩子们的时间》一诗里。他还翻译了但丁的《神曲》，所有这些工作使他忙得完全忘了自己，思想上也重新得到了平静。

正如班尼逊在他最好的朋友亚瑟·哈兰死的时候曾经说过的那样："我一定要让自己沉浸在工作中，否则我就会在绝望中忧虑苦恼。"

对大部分人来说，当日常工作使他们忙得团团转的时候，"沉浸在工作中"大概不会有多大问题。可是一旦下班以后——也就是能够自由自在地享受轻松和快乐的时候——忧虑就开始侵袭我们。这时我们常常会想各种问题，例如我们的生活有什么成就？我们有没有干好工作？老板今天说的那句话是不是有什么特别的意思？或者我们是不是开始秃头了……

当我们不忙的时候，大脑常常会处于一片空白。每一个物理专业的学生都知道"自然界中没有真空状态"。比如打破一个白炽灯泡，空气立即就会进去，充满了从理论上说来是真空的那一块空间。

你的大脑空出来时，也会有东西填充进去。是什么东西呢？通常是你的感觉。忧虑、恐惧、憎恨、嫉妒和羡慕等情绪都是受我们的思想控制的，而这些情绪都非常强烈，往往会撵走我们思想中的平静和快乐。

詹姆斯·马歇尔是哥伦比亚师范学院教育系的教授，他在这方面说得很清楚："忧虑对你伤害最大的时候，不是在你正忙于工作时，而是在你干完了一天的工作之后。那时，你的想象力会混乱，你会想到各种荒诞不经的事情，夸大每一个小错误。在这种时候，你的思想就像一辆没有负载的车子，横冲直撞，摧毁一切，甚至把你自己也撞成碎片。消除忧虑的最好办法，就是让自己忙着，做一些有意义的事情。"

并不是只有大学教授懂得这个道理，才能将其付诸实践。我在战时碰到一位住在芝加哥的家庭主妇，她将她的经历告诉我，讲述她如何发现"消除忧虑的最好办法，就是让自己忙着，做一些有意义的事情"。当时我正在由纽约去密苏里州农庄的路上，正好在火车的餐车上碰到了这位太太和她的先生。

这对夫妇告诉我，他们的儿子在"珍珠港事变"的第二天加入陆军部队。做母亲的当时很担忧她的独生子，她常常想他在什么地方？他是不是安全？他是不是正在打仗？他会不会受伤？他会不会阵亡？这些忧虑使她的健康严重受损。

我问她后来是怎么克服忧虑的，她回答说："让自己忙着。"她告诉我，开始她把女佣辞退，希望做家务能让自己忙着，可是这并不见效。"问题是，"她说，"我做家务总是机械化的，完全不用思考，所以当我铺床和洗碟子的时候，还总是担忧着我的儿子。我发现我需要一个新工作，以便使我在每一天的每一个小时，使身心两个方面都忙碌起来，于是我就去了一家大百货公司当售货员。"

"这下可好了，"她说，"我马上发现自己似乎掉进了一个运动的大旋涡里，我的四周全是顾客，他们问我价钱、尺码、颜色等问题。我没有一秒钟想到除了手边工作以外的问题。到了晚上，我也只能想如何让双脚休息一下。吃完晚饭，我躺在床上，很快就睡着了。我既没有时间也没有体力再去忧虑。"

她所发现的这一点，正如约翰·科伯尔·波斯在《忘记不快的艺术》一书中所说的："一种舒适的安全感，一种内在的宁静，一种因快乐而反应迟钝的感觉，都能使人在专心工作时精神平静。"

能做到这一点的人实在是太幸运了。世界最著名的女冒险家奥莎·琼森最近告诉我，她是如何从忧虑与悲伤中解脱出来的。

你也许读过她的自传《与冒险结缘》这本书。如果说真有哪个女人能跟冒险结缘的话，那也就只有她了。

马丁·琼森先生在奥莎16岁时娶了她，他在堪萨斯州查那提镇的街上将她一把抱起，直到婆罗洲的原始森林才把她放下。25年来，这对来自堪萨斯州的夫妇周游了全世界，拍下了亚洲和非洲逐渐绝迹的野生动物的影片。之后他们回到美国，到处做旅行演讲，放映他们拍的电影。有一次，他们在丹佛城搭乘飞机前往西岸时发生了意外，飞机撞在山上，马丁·琼森不幸当场死亡。

医生们都说奥莎也永远不能再下床了。可是他们并不了解奥莎·琼森。3个月之后，她就坐着一辆轮椅，在一大群人面前发表演说。事实上，她在那段时间做了100多场演讲，每次都是坐轮椅去的。我问她为什么要这样做，她回答说："我之所以这样做，是想让自己没有时间悲伤。"

奥莎·琼森发现了丹尼森先生——他比她早一个世纪——在诗句里所说的同一个真理："我必须让自己沉浸在工作中，否则我就会在绝望中挣扎。"

海军上将拜德也是因为在覆盖着冰雪的南极小屋里单独住了5个月，才发现这个道理的。那片冰天雪地，是一片无人知晓的、比美国和欧洲加起来还要大的大陆。拜德上将在那里单独待了5个月，周围没有任何一种生物存在。天气出奇的冷，当风吹过他耳边的时候，他的呼吸几乎都冻住了，结得像水晶一样。他在《孤寂》一书里，叙述了他在既难过又可怕的黑暗中度过的那5个月的生活。当时，他一定得不停地忙着，才不至于发疯。

"在夜晚，"他说，"熄灯之前，我养成了安排第二天工作的习惯。也就是说，我要为自己安排下一步该做什么。比如，一小时检查逃生用的隧道，半小时挖横坑，一小时检查装置燃料的容器，一小时在藏飞行物的隧道的墙上挖地方放书，再花两小时修整雪橇……"

"能把时间分开来，"他说，"是一件非常好的事，这使我产生了一种可以主宰自我的感觉……要是没有这些工作，那日子就过得漫无目标了。而没有目标的话，这些日子就会把我的意志弄得分崩离析。"

　　要是必须担心什么事情的话，就请记住，我们可以把工作当作一种很好的古老治疗法。以前在哈佛大学医学院当教授的已故博士理查德·科波特先生，在《生活的条件》这本书中说过："作为一个医生，我很高兴地看到，工作可以治愈很多病人。他们所患的病，是由于过分迟疑、踌躇和恐惧等所造成的。工作带给我们的勇气，就像爱默生永垂不朽的自信一样。"

　　如果不能一直忙着，整日闲坐在那里发愁的话，我们就会产生许许多多被达尔文称为"胡思乱想"的东西。而这些"胡思乱想"犹如传说中的魔鬼，会掏空我们的思想，摧毁我们的意志。

　　我认识纽约的一个商人，他就是用忙碌来赶走那些"胡思乱想"，使自己没有时间烦恼和忧虑的。他叫查伯尔·朗曼，也是我成人教育班的学员。他克服忧虑的经历非常有意思，也非常特殊，所以上完课之后我请他和我一起去吃宵夜。我们在一间餐馆一直坐到半夜，下面就是他告诉我的故事：

　　　18年前，我因为忧虑过度而患上了失眠症。当时我非常紧张，脾气不好，而且内心不安。我想我快要精神崩溃了。

　　　我之所以发愁，是有原因的。当时我是纽约市西百老汇大街皇冠水果制品公司的财务经理，我们投资50万美元，把草莓包装在一加仑装的容器罐子里。20年来，我们一直向冰激凌厂商销量这种一加仑装的草莓。突然有段时间，我们的销售量大跌，因为那些大的冰激凌厂

商的产量迅速增加，他们为了节省开支和时间，都买36加仑一桶的桶装草莓。

我们价值50万美元的草莓不仅卖不出去了，而且根据合同，我们在接下来的一年之内，还要再购买价值100万美元的草莓。我们已经向银行借了35万美元，当时既还不了钱，也不能再续借这笔贷款，我当然担忧了。

我赶到设在加州华生维里的工厂，想让总经理相信情况一旦恶化，我们将会面临毁灭的命运。但他不肯相信，而是把这些问题都归罪给纽约的公司以及那些可怜的业务员。

在经过几天的协商之后，我终于说服他不再使用这种包装，而将产品采用新的包装投放在旧金山市场上卖。这样做差不多可以解决我们大部分困难，按理我不再应该忧虑了，可是我还是有些担忧。有人说忧虑是一种恶习，而我已经染上了这种恶习。

回到纽约之后，我开始担心每一件事情：在意大利买的樱桃、在夏威夷买的凤梨……我非常紧张不安，睡不着觉，就像我刚才所说的，简直就要精神崩溃了。

在绝望中，我换了一种新的生活方式，结果不但治好了我的失眠症，而且我也不再忧虑了。我让自己一直忙着，忙到我必须付出所有的精力和时间，根本没有时间去忧虑。以前我一天只工作7个小时，而现在我一天要工作到十五六个小时。我每天早上8点就到办公室，一直干到半夜。我不断接下新工作，担负起新的责任。每当我半夜回家的时候，总是筋疲力尽地躺在床上，不过几秒钟就酣然入睡了。

这样过了将近3个月之后，我改掉了忧虑的习惯，再次恢复了每天工作七八个小时的正常情形。这个事情发生在18年前，从那以后，我就再没有失眠和忧虑过。

萧伯纳说得很对，他把这些总结起来说："人们之所以忧虑，就是有空闲时间来想想自己到底快乐不快乐。"所以，要想消除忧虑，就不必去想它，要在手掌心里吐口唾沫，让自己忙起来，这样你的血液就会开始循环，你的思想就会变得敏锐——让自己一直忙着，这是世界上治疗忧虑的最便宜、最有效的良药。

要改掉你忧虑的习惯，下面是第一条规则：

让自己不停地忙着。忧虑的人一定要让自己沉浸在工作中，否则只有在绝望中挣扎。

10. 不要为小事烦恼

> 我们岂不都像森林中的那棵身经百战的大树吗？我
> 们也经历过生命中无数次狂风暴雨和闪电的打击，但都
> 挺过来了。可是我们却会时常被心中忧虑的小甲虫咬
> 噬——那些用大拇指和食指就可以捏死的小甲虫最善于
> 伤害我们。

下面这个故事也许会让你终生难忘，而且很富有戏剧性，讲述这个故事的人叫罗勃·摩尔。

1945 年 3 月，我学到了人生当中最重要的一课。我是在中南半岛附近 276 英尺深的海底学到的。当时，我和另外 87 个人一起在贝雅 S.S.318 号潜水艇上，我们从雷达上发现正有一小支日本舰队朝我们这边驶来。天快亮的时候，我们浮出水面，发动攻击。我从潜望镜里发现了一艘日本驱逐护航舰、一艘油轮和一艘布雷舰。我们向那艘驱逐护航舰发射了 3 枚鱼雷，但是都没有击中目标。那艘驱逐护航舰并不知道它正遭受攻击，仍旧继续向前驶去。我们又打算攻击最后面那艘布雷舰。突然，它转过头，径直朝我们驶过来——原来有一架日本飞机从上空发现了我们，并把我们的位置用无线电通知了那艘日本布雷舰。我们立即潜到 150 英尺深的地方，以免被它探测到，同时做好准备应付深水炸弹：我们在所有的舱盖上都多加了几层铁栓，同时为了让潜艇在沉降时保持绝对的稳定，我们关掉了所有的电扇和整个冷却系统和发电设备。

　　3 分钟之后，突然天崩地裂——有 6 枚深水炸弹在我们四周爆炸，把我们直压到海底深达 276 英尺的地方。我们全都吓呆了，在不到 1000 英尺深的海水里受到攻击，是一件很危险的事情——如果不到 500 英尺的话，几乎全都难逃厄运。而我们当时却在不到 500 英尺一半深的水下受到了攻击，如果从安全角度来说，水深等于只到了人的膝盖部分。那艘日本布雷舰不停地往下投深水炸弹，连续攻击了 15 个小时。如果深水炸弹距潜水艇不到 17 英尺的话，其爆炸的威力可以在潜艇上炸出一个大洞来。大约有 10 到 20 颗深水炸弹就在离我们 50 英尺左右的地方爆炸，我们奉命"固守"，也就是静躺在床上，保持镇定。我当时吓得几乎无法呼吸，心想："这下死定了。"我一直不停地对自己说着："……这下死定了……这下死

定了。"电扇和冷却系统全都关闭之后，潜水艇内的温度几乎高达华氏100多度，可我却吓得全身发冷，当时我穿了一件毛衣，还有一件带皮领的夹克，可还是冷得发抖。我的牙齿不停地打战，全身冒出一阵阵的冷汗。

日本布雷舰的攻击持续了15个小时之久，然后突然停止。显然，那艘日本布雷舰用光了它所有的深水炸弹，这才离开。这15个小时的攻击，感觉上就像是1500万年。我过去的生活都一一呈现在我眼前，使我记起了以前做过的所有坏事，以及我曾经担心过的所有琐碎的小事。在我加入海军之前，我是一个银行职员，曾经为工作时间太长、薪水太少，而且没有多少升迁机会而发愁。我曾经因为没钱买房子、没有钱买新车、没有钱给我太太买好的衣服而忧虑过。我非常讨厌以前的老板，因为他老是给我找麻烦。我还记得，每天晚上回到家里的时候，我总是又累又困，常常因为琐碎小事而跟我的太太吵架。我甚至还为自己的额头上因为一次车祸而留下的伤痕发过愁。

在多年以前，那些令人发愁的事看起来好像全都是大事，可是在深水炸弹就要夺走我生命的那一刻，这些事情又是多么的荒谬和微不足道。就在那时候，我告诉自己，如果我还有机会再见到太阳和星星的话，我永远永远也不会再忧虑了。永远！永远！永远也不会！在潜艇里的那可怕的15个小时里，我所学到的生活道理，比我在大学 4 年所学到的要多得多。

我们通常都能很勇敢地面对生活中的重大危机，却会被那些小事情搞得焦头烂额。萨姆耳·白布西在他的日记里写到他曾目睹了哈里·维尼爵士在伦敦被砍头的情景：当维尼爵士走上断头台的时候，他没有请求别人饶他的性命，却要求刽子手不要一刀砍中他颈项上那伤痛之处。

这也正是拜德上将在又冷又黑的南极洲的夜晚所发现的另外一点——他手下那些人常常为一些小事情而发火，但对于大事毫不在乎。他们能够在零下 80 度的寒冷中毫无怨言地面对危险而艰苦的工作。"可是，"拜德上将说，"他们之间有好几个人同在一间办公室却可以彼此不讲话，他们怀疑对方乱放东西，占了自己的地方。我还知道有一个人非常讲究，他坚持细嚼慢咽，每口食物一定要嚼过 28 次才吞下去；而另外有一个人，一定要在大厅里找一个别人看不见他的位子坐着，才能吃下饭。"

"在南极的营地里，"拜德上将说，"任何事情都可能把最训练有素的人逼疯。"其实，拜德上将还可以加上一句话："小事"如果发生在夫妻生活里，也会把人逼疯，甚至还会造成"世界上半数以上的伤心事"。

至少，这话是权威人士说的。芝加哥的约瑟夫·沙马士法官在仲裁过 40000 多件不愉快的婚姻案件之后说："婚姻生活之所以不美满，根本原因通常都是一些小事。"纽约郡地方检察官法兰克·荷根也说："在我们经手的刑事案件里，有一半以上都是由于一些很小的事情引起的：在酒吧里逞英雄，为一些小事争吵，讲话侮

辱人，措辞不当，行为粗鲁等。就是这些小事，结果引起了伤害
和谋杀。很少有人真正天性残忍，即使那些犯了大错的人，也都
是因为自尊心受到了小小的损害，或受到一些小小的屈辱，或虚
荣心得不到满足，结果造成了世界上半数以上的伤心事。"

　　据说罗斯福夫人刚结婚的时候，"每天都在担心，"因为她的
新厨子做饭很差。"而如果事情发生在现在，"罗斯福夫人说，"我
就会耸耸肩，把这事给忘了。"这才是一个成年人的做法。就连凯
瑟琳这位最专制的俄国女皇，在厨子把饭做坏了的时候，她也通
常只是付之一笑。

　　有一次，我们到芝加哥一个朋友家里吃饭。在他分菜的时候，
有些小事情没有做好，我当时并没有注意——即使我注意到了，
我也不会在乎。可是他的太太看见了，她立即跳起来当着我们的
面指责丈夫。"约翰，"她大声叫道，"看看你在做什么！难道你永
远也学不会如何分菜吗？"

　　然后她对我们说："他老是犯错，简直就是心不在焉。"也许
他确实没有好好做，可是我却实在佩服他能够跟这样的太太相处
20 年之久。老实说，只要能吃得很舒服，我情愿只吃一两个抹了
芥末的热狗，而不愿一面听她唠叨，一面吃北京烤鸭和鱼翅。

　　在那件事情之后不久，我请了几位朋友到家里来吃晚饭。就
在他们快来的时候，我夫人突然发现有 3 条餐巾和桌布的颜色没办
法相配。

　　"我冲到厨房里，"她后来告诉我说，"结果发现另外 3 条餐巾
送出去洗了。客人这时已经到了门口，我没有时间再换了，我急

得差点哭了出来。我当时想：'为什么我会犯这么愚蠢的错误，几乎毁了我整个晚上？'然后我又想到，为什么要让它毁了我呢？于是，我走进餐厅吃晚饭，决定好好地享受一下。而我真的做到了——我情愿让我的朋友们认为我是一个比较懒散的家庭主妇，也不想让他们认为我是一个神经兮兮、脾气暴躁的女人。而且据我所知，根本没有人关心那些餐巾的问题。"

大家都知道一条法律名言："法律不管那些小事情。"我们也不该为这些小事而忧虑，如果你希望求得内心平静的话。

在大多数时间里，要想克服由小事情所引起的困扰，只需把看法和重点转移一下就可以了——那就是让你有一个新的、能使你开心的看法。我的朋友荷马·克罗伊是一个作家，写过几本书。他为我们举了一个如何才能够做到这一点的例子。他以前写作的时候，总是被纽约公寓热水灯的响声吵得发疯。因为蒸气会砰然作响，然后又是一阵杂响声，他常常被打断思路，总会坐在书桌前气得直叫。

后来的一次经历让一切发生了改变。荷马·克罗伊说："有一次我和几个朋友一起出去露营时，我听到了木柴烧得很响的声音，突然想到这些声音多么像热水灯的响声，它们听起来并不糟糕。但我为什么会喜欢这个声音，而讨厌那个声音呢？回到家以后，我对自己说：'火堆中木头的爆裂声很好听，热水灯的声音也差不多，我应该埋头就睡，不必理会这些噪声。'结果，我真的做到了，头几天我可能还会出于习惯注意热水灯的声音，可是不久我就完全忘了这事。"

"很多其他的小忧虑也是一样，因为我们不喜欢，结果弄得整个人都很颓丧，而这正是因为我们夸大了那些小事的重要性……"

狄斯累利也曾说过："生命如此短暂，不能再只顾小事。"

安德烈·摩瑞斯在《本周》杂志中说："这些话曾经帮我熬过了很多很痛苦的经历。我们常常会被一些本该不屑一顾的小事弄得心烦意乱……我们活在这个世上只有短短的几十年，而我们却浪费了许多不可挽回的时间，去为一些在一年之内就会被所有人忘却的小事而发愁。不要这样！让我们只去实践那些值得做的行动，去感受伟大的思想，去经历真正的感情，去做必须做的事情。因为生命如此短暂，不该再想那些小事。"

即使是吉卜林这样有名的人，有时候也会忘了"生命如此短暂，不能再顾及小事"的准则。其结果呢？他和他的舅爷在维尔蒙地区打了有史以来最有名的一场官司。这场官司如此出名，后来还有一本传记记载了它，书的名字叫《吉卜林在维尔蒙的领地》。

事情的经过是这样的：吉卜林娶了维尔蒙女孩凯洛琳·巴里斯特，在维尔蒙的布拉陀布罗建了一栋很漂亮的房子，并在那里定居，准备度过余生。他的舅爷比提·巴里斯特是吉卜林最好的朋友，他们两个人在一起工作，在一起游玩。

后来，吉卜林从巴里斯特那里买了一小块地，事先约定巴里斯特每一季可以在那块地上割草。一天，巴里斯特发现吉卜林在那片草地上建了一座花园，他生气了，暴跳如雷，而吉卜林也反唇相讥，这使得维尔蒙绿山上乌云笼罩。

　　几天之后，吉卜林骑着他的脚踏车出去玩，他的舅爷突然驾着一辆马车从路的那边过来，逼得吉卜林跌下了脚踏车。而吉卜林这个曾写过"众人皆醉，你应独醒"的人此时也昏了头，告到法院，请求将巴里斯特关押起来。接下来他俩打了一场很热闹的官司，一些大城市里的记者们都挤到这个小镇上来，这件新闻传遍了全世界。事情无法解决，这次争吵最后使得吉卜林和他的妻子永远离开了他们在美国的家。而这一切忧虑和争吵，只不过为了一件小事——一车干草。

　　皮瑞克里斯在 2400 年前说过："来吧，诸位！我们在小事上浪费太多时间了。"一点也不错，我们的确如此。

　　下面是哈瑞·爱默生·傅斯狄克博士讲的最有意思的一个故事——是关于森林里的一个巨人在战争中如何得胜、又是如何失败的。

　　　在科罗拉多州长山的山坡上，躺着一棵大树的枯枝残躯。自然学家告诉我们，它曾经有 400 多年的历史。它最初发芽的时候，哥伦布才刚刚登陆美洲；第一批移民来到美国的时候，它才长了现在的一半大。400 年来，在它漫长的生命历程里，曾经被闪电击中过 14 次，无数的狂风暴雨侵袭过它，它都挺过来了。但是在最后，来了一群甲虫，却使它最终倒下——那些甲虫从根部往树干里面啃噬，而它们的全部力量就只是微小而持续不断地攻击。这样一个森林巨人，岁月不曾使它枯萎，闪电不曾将它击倒，连狂风暴雨都不能伤着它，却因为一群用大拇指和食指就可以捏死的小甲虫而倒下。

我们岂不都像森林中的那棵身经百战的大树吗？我们也经历过生命中无数次狂风暴雨和闪电的打击，但都挺过来了。可是我们却会时常被心中忧虑的小甲虫啃噬——那些用大拇指和食指就可以捏死的小甲虫最擅长伤害我们。

几年以前，我去了一趟怀俄明州的提顿国家公园。和我一起去那儿的是怀俄明州公路局局长查尔斯·谢费德，还有他的一些朋友。我们本来想一同去参观洛克菲勒在那座公园里建的一栋房子的，可是我坐的那辆车转错了一个弯，迷了路。等我到达那座房子的时候，整整比其他车子晚了一个小时。谢费德先生早就到了，但他没有打开那扇大门的钥匙，所以他在那个又闷又热、蚊子又多的森林里苦等了一个小时，等我们到达。那里的蚊子多得足以让圣人发疯，可是它们不能战胜查尔斯·谢费德。在等我们的时候，他折下一小段白杨树枝，做了一根小笛子。当我们到达的时候，他是不是正忙着驱赶蚊子呢？没有，他正在吹笛子。以此纪念一个知道如何不理会那些小事的人。

一定要在忧虑毁了你之前，先改掉忧虑的习惯。下面是第二条规则：

> 不要让自己因为一些应该抛弃和忘记的小事而忧虑。
> 要记住：生命如此短暂，不要再为小事而烦恼。

11. 不要自寻烦恼

> 要是我们能够停止忧虑，就可以根据事情发生的概率来评估我们的忧虑究竟值不值，这样，我想我们应该可以减少 99% 的忧虑。

我从小生活在密苏里州的一个农场里。有一天，我帮母亲摘樱桃时，突然莫名其妙地哭了起来。母亲问我："你为什么哭啊？"我哽咽地回答道："我怕被活埋。"

那时候我心里总是充满了忧虑：暴风雨来的时候，我担心被雷电击死；日子困难的时候，我担心东西不够吃；另外，我还担心自己死后会下地狱；我怕一个名叫詹姆·怀特的大男孩会割下我的耳朵——就像他威胁我的那样。我忧虑，是因为怕女孩子在我向她们脱帽鞠躬的时候取笑我；我忧虑，是因为担心将来没一个女孩子愿意嫁给我；我还为我们结婚之后，我对太太的第一句话该说什么而操心。我想象我们将会在一间乡下教堂结婚，会坐一辆垂着流苏的马车回农庄……可是在回农庄的路上，我该如何一直不停地跟她谈话呢？这该怎么办？怎么办呢？我在耕地的时候，也会常常花几个小时想这些"惊天动地"的大问题。

日子一年年过去，我渐渐发现我所担心的那些事，99%根本就不会发生。例如我刚才所说过的，我以前很怕雷电。可是现在我知道，无论是哪一年，我被雷电击中的概率，大概只有三十五万分之一。

我害怕被活埋的忧虑，更是荒谬至极。我没有想到，即使是在发明木乃伊以前的年代，每1000万个人中也只有一个人被活埋，可是我以前却因为恐惧而哭过。

每8个人中就有一个人可能死于癌症，如果我一定要发愁的话，我就应该为得癌症这种事情发愁，而不应该担心被雷电击死，或者被活埋。

事实上，我刚才所说的都是我童年和少年时代忧虑的事。而许多成年人的忧虑，也几乎同样的荒谬可笑。要是我们能够停止忧虑，就可以根据事情发生的概率来评估我们的忧虑究竟值不值，这样，我想应该可以减少99%的忧虑。

全世界最有名的伦敦罗艾得保险公司，就是靠人们对一些根本很难发生的事情的担忧，而赚了数不清的财富。罗艾得保险公司可以说是在跟一般人打赌，说他们所担心的灾祸几乎永远不会发生。不过，他们不称此为赌博，而是称其为"保险"，实际上这是以概率为根据的赌博。这家大保险公司已经有200年的历史，除非人的本性会改变，它至少还可以继续维持5000年。而它只不过是替你鞋子保险，为你的船保险，利用概率向你保证那些灾祸并不像一般人想象的那么常见和可怕。

　　如果我们检查某些事情发生的概率，就会为我们所发现的事实而惊讶。例如，如果我知道在 5 年之内，我必须参加一次像葛底斯堡战役那样惨烈的战役的话，我一定会吓坏的。我一定会想尽办法增加我的人寿保险，我会写下遗嘱，把我所有的财产变卖一空。我会说："我大概不能挺过这场战争，所以我最好痛痛快快地过这剩下的几年。"但事实上，根据概率，每 1000 个人中在 50 到 55 岁之间死去的人数，和葛底斯堡战役平均阵亡的人数相同。

　　有一年夏天，我在加拿大洛矶山区利贡湖的岸边遇到了赫伯特·萨林吉夫妇。萨林吉太太是一个平静而沉着的女人，我印象中她从来没有忧虑过。有一天晚上，我们坐在熊熊的炉火前，我问她是不是曾经因为忧虑而烦恼过。"烦恼?"她说，"我以前的生活几乎被忧虑毁了。在我学会克服忧虑之前，我在自找的苦恼中生活了 11 年。那时候我脾气很坏，又很急躁，生活在十分紧张的情绪之中。我每个星期都要从家搭公共汽车去旧金山买东西，买东西的时候，我会担心得要命：也许我又把电熨斗放在熨衣板上了，也许房子烧起来了；也许我的女佣人跑了，丢下孩子不管；也许孩子们骑脚踏车出去，被汽车撞死了。我买东西的时候，常常会因为以上种种担忧而直冒冷汗，于是会冲出商店，搭公共汽车回家，看看一切是不是正常。所以我的第一次婚姻没有好结果。

　　"我的第二个丈夫是一个律师。他是一个很平静、对什么事都能仔细分析的人，他从来不为任何事情忧虑。每当我紧张焦虑的

时候，他就会对我说：'不要慌，让我们好好想想……你真正担心的到底是什么呢？让我们来看看，这种事情究竟会不会发生。'

"举个例子，我还记得有一次，当时我们在新墨西哥州，要从阿布库基开车去卡世白洞窟。我们走在一条土路上，半路上正好遭遇了一场很可怕的暴风雨。

"路面很滑，汽车没办法控制，我想我们一定会滑到路边的水沟里，可是我的丈夫一直不停地对我说：'我现在开得很慢，不会出事的。即使车子滑到沟里，我们也不会受伤。'他的镇定和信心使我总算平静下来，最终我们平安到达。

"有一年夏天，我们在加拿大的洛矶山区托昆谷露营。一天晚上，我们的营帐扎在海拔很高的地方，突然下起了暴风雨，我们的帐篷似乎要被撕成碎片。帐篷是用绳子绑在一个木制的平台上的，它在风里摇晃着，发出刺耳的声音。我当时真的吓坏了，我每一分钟都在想：我们的帐篷要被吹垮了，要被吹到天上去了。我丈夫不停地说：'亲爱的，我们有好几个印第安向导，这些人对如何对付坏天气了如指掌。他们在这些山地里扎营，都有60年了，这个营帐在这里也过了很多年，可是直到现在还没有被吹掉。所以今天晚上也不会被吹掉。而且即使被吹掉的话，我们还可以到另外一个营帐里去，所以不必紧张。'……我放松心情，结果后半夜睡得非常舒服。

"几年以前，小儿麻痹症在我们所住的那一带肆虐。要是在以前，我一定会不知所措，可是我丈夫让我保持镇定，我们尽可能地采取了各种预防方法，不让孩子们出入公共场所，暂时不去上学，也不去看电影。在与卫生署联系过之后，我们得知到目前为止，即使是最严重的一次小儿麻痹症流行期，整个加利福尼亚州也只有 1835 名儿童染上了这种病，而正常时期也只有 200 ~ 300 人。虽然这些数字听起来还是让人感到恐怖，可是根据概率来看，我们的孩子感染的可能性实在是很小。

"'根据概率，这种事情不会发生'，这一句话消除了我 90% 的忧虑，使我过去 20 年的生活都过得美好而平静。"

回顾过去的几十年时光，我发现自己的大部分忧虑也都是自找的。詹姆·格兰特告诉我，他的经验也是如此。他是纽约富兰克林市格兰特批发公司的老板，每次都要从佛罗里达州买 10 ~ 15 车的水果。他告诉我，他以前常常会想许多滑稽的问题，例如如果火车失控怎么办？如果水果滚得满地都是怎么办？如果车子正好经过一座桥，而桥突然垮了怎么办？当然，这些水果都是上了保险的，可他还是担心万一他没有按时把水果送到，就有可能失去市场。他甚至担心自己忧虑过度而得了胃溃疡，因此去找医生为他做检查。医生告诉他说，他没有任何毛病，只是太紧张了。

"这时候我才明白，"他说，"我开始问自己一些问题。我对自己说：'注意，詹姆·格兰特！这么多年你买了多少车水果？'答案是'大概有 25000 多车'。然后我又问自己：'这么多车中出过多少次车祸？'答案是'大概有 5 次吧'。然后我对我自己说：'一共 25000 次，只有 5 次出事，你知道这是什么意思？概率是五千分之一。换句话说，根据概率，以你过去的经验为基础，出事的可能性只有 5000：1，那你还有什么好担心的呢？'

"然后我对自己说：'嗯，说不定桥会塌下来。'然后我问自己：'在过去，你究竟有多少车是因为桥塌陷而损失了呢？'答案是'一次也没有'。然后我对自己说：'那你为了一座根本没有塌过的桥，为了五千分之一的火车失控而发愁得患了胃溃疡，是不是太傻了？'

"当以这种角度看这件事的时候，我觉得以前的自己实在是太傻了。于是我当时就做出决定，以后让概率分析来替我分忧——从那以后，我再也没有为胃溃疡烦恼过。"

埃尔·史密斯担任纽约州长的时候，我常听到他对攻击他的政敌说："让我们看看记录……"然后他就会说出许多事实。如果下一次你再为可能会发生什么事情而忧虑，就让我们学一学这位聪明的埃尔·史密斯先生，让我们查一查以前的记录，看看这些忧虑到底有没有道理。

这也正是当年佛莱德雷·马克斯塔特担心自己躺在坟里的时候所做的事情，下面就是他在纽约成人教育班上所讲的故事：

> 1944 年 6 月初，我躺在奥马哈海滩附近一个散兵坑里。我当时正在 999 信号连服役，部队刚刚抵达诺曼底。我看了一眼地上那个长方形的散兵坑，然后对自己说："这看起来像一座坟墓。"当我躺下来，准备睡在里面的时候，觉得那更像一座坟墓了，我忍不住对自己说："也许这就是我的坟墓。"晚上 11 点钟，德军轰炸机飞过来，纷纷往下投炸弹，吓得我全身都僵住了。前三天，我简直没法入睡。到了第四天或第五天晚上，我几乎精神崩

溃。我知道如果我不立即想办法的话，我就会疯掉。我
提醒自己说：已经过了 5 个晚上了，而我还活得好好的，
我们这一组的人也都活得很好，只有两个受了点儿轻伤。
而他们也并不是被德军的炸弹炸伤的，而是被我们自己
的高射炮碎片击中的。我决定做一些有意义的事情来停
止我的忧虑。于是我在散兵坑里做了一个厚厚的木头屋
顶，以保护自己不被碎弹片击中。我计算了一下位置和
距离，告诉自己："只有炸弹直接命中，我才有可能死在
这个又深又窄的散兵坑内。"于是，我又算出了直接命中
的比例，大概还不到万分之一。这样，我平静下来，后
来即使敌机来袭的时候，我也睡得非常安稳。

美国海军也常常利用概率的统计数字，来提振士兵的士气。
一位以前曾当过海军的人告诉我，当他和他船上的伙伴被派到一
艘油轮上的时候，他们都吓坏了。这艘油轮运的都是高浓度汽油，
因此他们认为如果这艘油轮被鱼雷击中的话，船上的所有人都会
上西天。

可是美国海军自有他们的办法。海军部队给他们发布了一些
统计数字，指出被鱼雷击中的 100 艘油轮里，有 60 艘并没有沉到
海里去，而真正沉到海里的 40 艘里，只有 5 艘是在 5 分钟之内沉
没的。那也就是说，他们有足够的时间跳海逃生，死在船上的可
能性非常小。

这样对士气有没有帮助呢？"知道了这些平均数字之后，我的
忧虑一扫而光。"住在明尼苏达州圣保罗市的克莱德·马斯说，

"船上的人都感觉好多了，我们知道我们有的是机会，根据平均数字来看，我们不会死在这里。"

因此，要在忧虑摧毁你以前，先改掉忧虑的习惯，下面是第三条规则：

让我们看看以前的记录，让我们根据概率问问自己，现在担心会发生的事情，到底真正发生的有多少？

12. 适应不可避免的事实

你知道你的汽车轮胎为什么能在路上跑那么久，能承受那么多颠簸吗？最初，制造轮胎的人想制造一种轮胎，使它能够抗拒路上的颠簸，可是坚硬的轮胎不久就被压成了碎块。然后他们又发明了一种橡胶轮胎，可以吸收路面的各种压力，这样轮胎就可以"适应一切"。

小时候，有一天我和几个朋友在一栋荒废的老木屋的阁楼上玩耍。从阁楼爬下来的时候，我先在窗栏上站住，然后跳下去。我左手的食指当时带着一个戒指，就在我跳下去的时候，那个戒指钩住了一颗铁钉，把我整根手指拉断了。我尖叫着，吓得不知所措，以为自己必死无疑。可是伤好了之后，我再也没有为这件事烦恼过。烦恼又有什么用呢？我接受了这个难以更改的事实，根本不会想到我的左手只有四个手指头。

几年前，我碰到了一个人，他在纽约市中心一家办公大楼中

开货运电梯。我注意到他的左手被齐腕割断了。我问他缺了那只手是否觉得难过，他说："噢，不会，我根本就不会想到它。只有在穿针的时候，我才会想起这件事情。"

如果有必要，我们差不多可以接受任何一种情况，使自己适应它，然后完全忘了它。

我经常想到一行字，这行字刻在荷兰首都阿姆斯特丹一座15世纪的老教堂废墟上："事实就是这样，而不是那样。"

在漫长的岁月里，你我一定会遇到一些不愉快的事情，如果它们是这样，就不可能是那样。当然，我们也可以有所选择：对于不可避免的情况我们应当接受，并且适应它；或者，听任忧虑摧毁我们的生活，甚至最后弄得我们精神崩溃。

下面是我最喜欢的哲学家威廉·詹姆斯的忠告："要乐于承认，事实就是这样的。"他说，"能够接受已经发生的事实，就是能克服随之而来的任何不幸的第一步。"

家住在俄勒冈州波特兰的伊丽莎白·康黎，却经过很多困难才懂得这一道理。下面是她最近写给我的一封信：

在庆祝美国陆军在北非获胜的那一天，我接到一封国防部送来的电报，我的侄儿——我最爱的人——在战场上失踪了。没过多久，又来一封电报说他已经阵亡。

我悲伤至极。在这件事发生之前，我一直觉得命运对我很好，我有一份自己喜欢的工作，并辛苦地把这个侄儿抚养成人。在我看来，他代表了年轻人一切美好的东西。有了他，我觉得自己以前的所有努力，都得到了

很好的回报……可是因为这封电报，我的整个世界都被
无情地粉碎了，我觉得再活下去也没有什么意义了。我
开始忽视工作，冷淡朋友。我开始抛弃一切，既冷漠又
怨恨。为什么我最亲爱的侄儿会死去？为什么这么好的
孩子，还没有开始真正的生活，却要让他死在战场上？
我无法接受这个事实。我悲伤过度，决定放弃工作，远
离家乡，把自己埋在泪水和悔恨之中。

　　就在我清理桌子、准备辞职的时候，突然看到了一
封我早已经忘了的信。这封信正是侄儿阵亡前给我写的。
几年前，我母亲去世的时候，他给我写了这封信。他说：
"当然，我们都会想念她，尤其是你。但是我知道你一定
能挺过去的——以你对人生的看法，就能挺得过去。我
永远也不会忘记你教给我的那些美丽的真理：不论在哪
里，也不论我们离得有多远，我永远都会记得你教我要
微笑，要像一个男子汉，要勇于承受一切已经发生的
事情。"

　　我把那封信读了一遍又一遍，觉得他好像就在我的
身边，正在对我说话。他好像对我说："为什么不照你教
给我的办法去做呢？坚强些，挺下去，不论发生什么事
情，把你个人的悲伤掩藏在微笑之下，继续过下去。"

　　于是，我再度回去工作，不再对人冷淡无礼。我一
再告诫自己说："事情既已发生，我没有能力改变它，但
是我能够像他所希望的那样继续活下去。"从那以后我将

所有的心思和精力都用在了工作上，我给前方的士兵写
信——他们是别人的儿子。晚上，我又参加了成人教育
班，我想找到新的兴趣，认识新的朋友。我几乎不敢相
信发生在我身上的各种新的变化，我不再为已经发生而
且永远过去的事情悲伤，现在我每天的生活都充满了快
乐——就像我的侄儿要我做到的那样。

伊丽莎白·康黎学到了我们所有人迟早都要学到的道理：我
们必须接受和适应那些不可避免的事情。这可不是很容易就学会
的。就连那些在位的皇帝们，也常常会提醒自己必须这样做。已
故的乔治五世在白金汉宫的墙上挂有下面这几句话：

"不要为月亮哭泣，也不要因事而后悔。"

叔本华则以下面的话表达了同样的想法：

"顺应时势，就是你在踏上人生旅途时最重要的一
件事。"

很显然，环境本身并不能使我们快乐或不快乐，只有我们对
周围环境的反应才决定了我们的感受。

在必要的时候，我们都应该经受得住灾难和悲剧，甚至要战
胜它们。也许我们会认为自己办不到，但事实上，我们内在的力
量却强大得惊人，只要我们愿意利用，它就能帮助我们克服一切
困难。

已故的布斯·塔金顿总是这样说：

"发生在我身上的任何事情，我都能承受，但除了一
样：那就是失明，那是我永远也没有办法忍受的。"

然而，在60多岁的时候，有一次当塔金顿低头看地上的彩色地毯时，发现彩色全都是模糊的，他看不清楚地毯的花纹。他去找了一个眼科专家，证实了不幸的事实：他的视力在衰减，有一只眼睛几乎全瞎，另一只也快瞎了。他最怕的事情终于发生在了他身上。

对这种"所有灾难中最可怕的灾难"，塔金顿有什么反应呢？他是不是觉得"完了，我这后半辈子全完了"呢？没有，他自己也没有想到他还能非常开心，甚至还能善用他的幽默感。以前，眼球里面浮动的"黑斑"令他很难过，因为当它们在他眼前游过时，会遮住他的视线。然而现在，当那些最大的黑斑从他眼前晃过的时候，他却会幽默地说："嘿，又是老黑斑爷爷来了！今天天气这么好，不知道它要到哪里去。"

当塔金顿终于完全失明之后，他说："我发现自己能承受失明的痛苦，就像一个人能承受别的灾难一样。要是我的各种感官都完全丧失了，我想我还能够继续生存在我的思想里，因为我们只有在思想之中才能够看见，只有在思想之中才能够生活——不论我们自己是否清楚这一点。"

为了恢复视力，塔金顿在一年之内接受了12次手术，为他做手术的是当地的眼科医生。他有没有害怕呢？他知道做手术是必要的，他无法逃避，唯一能减轻痛苦的办法，就是勇于接受它。他拒绝用医院的私人病房，而是住进普通病房里，和其他病人在一起。他试着让其他病人开心，即使在他必须接受好几次手术时——而且他当然很清楚医生在他眼睛里做什么手术——他也会尽力去想他是多么的幸运。"多么好啊，"他说，"多么妙啊，现在科学的发展竟然到了这种程度，能够为眼睛这么精细的东西做手术。"

要是一般人忍受 12 次以上的手术和长期黑暗中的生活，恐怕都会变得神经质了。塔金顿却说："我可不愿意使自己不开心。"这件事教会他如何接受灾难，使他了解到生命带给他的没有一样是他的能力所不及或不能忍受的；这件事也使他领悟了富尔顿所说的"失明并不令人难过，难过的是你不能忍受失明"这句话的道理。

相反，如果我们因此而退缩，或者是加以反抗，或者是为它难过，我们也不可能改变那些已经发生的事实。但是我们可以改变自己，我知道，因为我就试过。

有一次，我拒绝接受我所遇到的一件不可避免的事情，我做了一件傻事，想反抗它，结果我失眠了好几个晚上，痛苦不堪。我开始强迫自己想起所有那些我不愿意想的事情，经过一年的自虐，我终于接受了那些不可能改变的事实。

我曾放了 12 年的牛，但是我从来没有看到哪一头母牛因为草地缺水干枯、天气太冷，或者哪头公牛爱上了另一头母牛而恼火。动物都能平静地面对夜晚、暴风雨和饥饿，所以它们从来都不会精神崩溃或者是患上胃溃疡，它们也从来不会发疯。

我是不是想对你们说，在碰到任何挫折的时候，都应该低声下气呢？绝对不是的，那就成为宿命论了。我认为无论在哪一种情况下，只要还有一点点挽救的机会，我们就要努力。可是当常识告诉我们，事情是不可避免的，也不会再有任何转机的时候，我们就要保持理智，不要再庸人自扰。

哥伦比亚大学已故的霍基斯院长曾告诉我，他为自己写了一首打油诗做他的座右铭：

> 天下疾病多，数都数不清，
>
> 有些可以救，有的难治愈。
>
> 如果有希望，就应把药寻，
>
> 要是无法治，不如忘干净。

在写这本书的时候，我曾经访问过许多有名的美国商人。令我印象最深刻的是，他们大多数人都能接受那些不可避免的事实，过着无忧无虑的生活。如果不能这样做的话，他们就会在巨大的压力之下被压垮。

潘尼创设了遍及全国的潘氏连锁商店，他告诉我："即使所有的钱都赔光了，我也不会忧虑，因为忧虑并不能让我得到什么。我会尽可能把工作做好，至于结果，就要看老天爷的心情了。"

亨利·福特也告诉过我类似的话："碰到无法处理的事情时，我就让事情自己去解决。"

当我问克莱斯勒公司的总经理凯勒先生，他是如何避免忧虑的时候，他说："如果我碰到了很棘手的问题，只要我能想得出解决的办法，就一定会去做。要是我不能解决的，我就干脆把它忘了。我从来不为未来担心，因为没有人能知道未来会发生什么。影响未来的因素太多了，也没有人能知道这些影响都从何而来，所以何必为它们白白担心呢？"

如果你认为凯勒是个哲学家，他一定会觉得非常不安的，他

只不过是一个很出色的商人。可是他的这一观念，正好与 19 世纪以前罗马伟大哲学家伊壁鸠鲁的理论相近。"快乐的源泉，"他说，"就是不要为我们的意志力所不能及的事情而忧虑。"

莎拉·班哈特可以说是最懂得如何适应那些不可避免的事情的女性。50 年来，她一直是四大州剧院独一无二的"皇后"，是观众最喜爱的女演员。可是后来，她在 71 岁那一年破产了，损失了所有的钱财，而她的医生——巴黎的波基教授还告诉她必须把腿锯掉。

事情是这样的：莎拉在横渡大西洋的时候遇到暴风雨，整个人滑倒在甲板上，腿受了重伤，患上了静脉炎和腿痉挛。那种剧烈的痛苦，使医生觉得必须锯掉她的腿。这位医生害怕把这个消息告诉脾气很坏的莎拉——他认为这个可怕的消息一定会使莎拉大为恼火。可是他错了，莎拉只是看了他许久，然后很平静地说："如果真的非这样不可的话，也只好如此了。"这就是命运。

当她被推进手术室的时候，她的儿子站在一边哭泣。她却朝他挥了挥手，开心地说："不要走开，我马上就会回来的。"

在去手术室的路上，莎拉一直在背她演出过的一场戏中的台词。有人问她这样做是不是为了给自己鼓气，她却说："不是，我是想让医生和护士们高兴，这样他们的压力就不会太大。"

当手术完成，恢复健康之后，莎拉又继续环游世界，她的观众又为她着迷了 7 年。

"当我们不再反抗那些不可避免的事实之后，"爱尔西·麦克密克在《读者文摘》的一篇文章里说，"我们就可以节省精力，创造更丰富的生活。"

任何人都不会有足够的情感和精力既抗拒不可避免的事实，同时又创造新的生活。你只能在两者之间选其一：你可以在生活中发生的不可避免的暴风雨之下弯腰屈身，或者因抗拒它们而被摧毁。

我在密苏里州自家的农场就见过这样的事情。当时，我在农场种了几十棵树，它们起先长得非常快，可是有一天突然下了一场冰雹，每一根小树枝上都堆满了一层透明的冰。这些树枝在重压下并没有顺从地弯曲，而是骄傲地反抗着，最终却在沉重的压力之下折断了，然后归于毁灭。它们不如北方的树木那样"聪明"，我曾在加拿大看过长达好几百里的常青树，从来没有看见一棵柏树或一株松树被压垮过。这些常青树知道如何顺从，它们弯垂下枝条，适应那些不可避免的坏情况。

日本柔道大师也教他们的学生"要像杨柳一样柔顺，不能像橡树那样挺直"。

如果我们不顺从，而是反抗生命中所遇到的各种挫折，那么又会碰到什么样的事情呢？答案非常简单：我们会难以避免地碰到一连串矛盾，会忧虑、紧张，并且急躁而神经质。

如果我们能够再进一步，抛弃现实世界的各种不快，退缩到一个我们自己编织的梦幻世界中，那么我们就会精神错乱了。

"对不可避免的事，要轻松地去承受。"这句话是在耶稣出生前399年说的。但是，在今天这个充满忧虑的世界，人们比以往更需要这句话："对不可避免的事，要轻松地去承受。"

13. 不要做无用功

假设你能读完各个时代伟大学者所写的有关忧虑的
图书，你也不会看到比"船到桥头自然直"和"不要为
打翻的牛奶哭泣"更基本，也更有用的话了。

就在我写这句话的时候，我可以通过窗户看见窗外院子里一
些留石头上的恐龙足迹。这些恐龙足迹，是我花钱从耶鲁大学皮
氏博物馆买来的。我还保留了一封皮氏博物馆馆长写给我的信，
信里说这些足迹早在一亿八千万年前就有了。我想即使是一个白
痴，也不会想返回一亿八千万年前去改变这些足迹。而一个人却
会愚蠢得有如这种想法——就算是 180 秒钟以前所发生的事情，我
们也不可能再回去纠正它，可是却有很多人正在做类似的事情。
说得更确切一点，我们可以想办法来改变发生在 180 秒钟以前的事
情所产生的后果和影响，但我们对当时所发生的现实却无能为力。

让过去的错误产生价值的唯一方法，就是平静地分析过去的

错误，并从中吸取教训，然后再忘记错误。

这句话很有道理，但我是不是一直有勇气、有思想去这样实践呢？为了回答这个问题，先让我告诉你我在几年前的一次奇妙的经历吧，当时我白白失去了 30 多美元，却没有得到一分钱的利润。事情的经过是这样的：

当时我开办了一所规模很大的成人教育辅导机构，在很多城市里都有分部，我花了许多钱做宣传。当时我忙于教课，所以既没有时间也没有心情去管理财务问题，而且当时我的头脑过于简单，不知道应该找一个很好的业务经理来支配各项支出。

最后，过了将近一年，我发现了一个很惊人的事实：虽然我们的收入不错，却没有赚到一点利润。在发现这一点之后，我本应该立即着手去做两件事情：

第一件事，我应该向黑人科学家乔治·华盛顿·卡佛尔学习。当他完全破产，被银行没收了他毕生仅有的 50000 美元积蓄时，别人问他是否知道他已经破产了，他回答说："是的，我听说了。"然后继续教书。他把这笔损失从脑子里清除干净，以后再也没有提过。

我应该做的第二件事是：分析自己的错误，然后从中吸取教训。

可是坦白地说，这两件事我一件也没有做。相反，我却开始发起愁来。一连好几个月，我都精神恍惚，睡得不好，不仅体重减轻了很多，也没有从这次大错误中反省，而是接着又犯了一个同样的错误。

对我来说，要承认这种愚蠢的行为，实在是非常难堪的事。可是我很早就发现了一个道理："教 20 个人怎么做，比自己一个人去做，要容易得多。"

我真希望能够到纽约的乔治·华盛顿高级中学去当保罗·布兰德温的学生——这位老师曾教过住在纽约市布朗士区的亚伦·桑德斯。

桑德斯先生告诉我，教他生理卫生课的老师保罗·布兰德温博士，给他上了人生当中最有价值的一课。"当时我只有十几岁，"亚伦·桑德斯告诉我说，"可我那时经常为很多事情发愁，常常为自己犯过的各种错误而自责。交完考试卷以后，我常常会在半夜里睡不着，咬着指甲，担心自己不能及格。我总是在想我搞砸过的那些事情，真希望自己当初没有那样做；我总是在想我所说过的那些不适宜的话，希望我当时能把那些话说得更完美些。

"有一天早上，我们走进实验室上实验课。我们的老师保罗·布兰德温博士将一瓶牛奶放在桌子边上。我们都坐下来，望着那瓶牛奶，不明白这和他所教的生理卫生课有什么关系。这时，保罗·布兰德温博士突然站了起来，一掌打碎牛奶瓶，牛奶泼在水槽里。然后，他大声说道：'不要为已经打翻的牛奶哭泣。'

"随后他叫我们所有的人来到水槽边，仔细看看那瓶被打碎的牛奶。'好好看着，'他对我们说，'因为我要你们这一辈子都记住这一课，这瓶牛奶已经没有了！你们看到它已泼光了，无论你多么着急，多么抱怨，都无法挽回了。虽然刚才只要用一点大脑，先加以预防，这瓶牛奶就可以保住。可是现在太迟了——我们现在所能做的，就是把它忘掉，抛开这件事，去关注下一件事。"

"这次小小的表演，"亚伦·桑德斯说，"即使是在我忘了几何和拉丁文知识以后很久，也都还记得。事实上，这件事教给我的实际生活经验，比我在高中阶段所学到的任何事情都重要。它教会我一个道理：要是可能的话，请不要打翻牛奶；可万一弄翻了牛奶，就要彻底忘记这件糟糕的事。"

有些读者大概会觉得，费这么大精力讲那么一句老话，"不要为打翻的牛奶哭泣"，未免有点小题大做。我知道这句话很普通，也可以说是老生常谈。可是它却包含了人类多少年来所积聚的经验智慧，这也正是人类智慧的结晶，是世世代代传下来的。假设你能读完各个时代伟大学者所写的有关忧虑的图书，你也不会看到比"船到桥头自然直"和"不要为打翻的牛奶哭泣"更基本，也更有用的话了。只要能应用这两句老话，不轻视它，我们根本用不着读这本书了。然而，如果不能加以利用，知识就不能成为力量。本书的目的并不是想告诉你什么新的知识，而是要提醒你那些你已经知道的事，并且鼓励你把已经学到的知识应用到实践当中来。

我一直很佩服已故的弗雷德·富勒·胥德。他有一种天生的本领，能把古老的真理用新颖而且吸引人的方法说出来。他是费城一家报纸的编辑，有一次，他给某大学毕业班演讲。当时他问道："有多少人曾锯过木头？请举起手。"结果大部分学生都锯过木头。然后他又问道："有多少人曾锯过木屑？"没有一个人举手。

"当然，你们不可能锯木屑，"胥德先生说，"因为那些木屑都是已经被锯下来的。过去的事情也是一样，当你开始忧虑那些已经做完的和过去的事情的时候，你只不过是在锯木屑。"

棒球老将康尼·马克81岁高龄的时候，我问他是否曾为输了比赛忧虑过。

"当然。我以前总是这样，"康尼·马克对我说："可是多年以前我就不再干这种傻事了。我发现这样做对我没有任何好处，因为磨完的细粉不能再磨，水已经把它们冲到底下去了。"

不错，磨完的细粉不能再磨，锯木头所剩下来的木屑也不能再锯了。可是，你还能去除你脸上的皱纹和胃里的溃疡。在去年感恩节的时候，我和杰克·邓普赛共进晚餐。当我们吃火鸡和橘酱的时候，他给我讲了他输给金·通利的那一场比赛——一场使重量级拳王易主的比赛。当然，这对他的自尊来说是一个很大的打击。

"在比赛的过程中，"他告诉我说，"我突然发现自己竟然变成了一个老头子……当第十回合结束时，我总算没有倒下去，但也只是没有倒下去而已。我的脸已经被打肿了，而且有多处伤痕，双眼几乎无法睁开……我看见裁判员举起金·通利的手，宣布他为获胜者——我不再是世界拳王了。我在雨中往回走，穿过人群，回到我自己的房间。就在我往回走的时候，有些人想来握住我的手，另一些人眼睛里则饱含着泪水。

"一年之后，我和通利又打了一场比赛，可我一点机会也没有，我就这样永远完了。要让我完全不去为这件事情发愁实在太困难了，可我仍然对自己说：'我不想生活在过去里，我不会为打翻了的牛奶哭泣，我要承受这一次打击，不让它把我打倒。'"

而这也正是杰克·邓普赛所做到的事。他是怎么做的呢？他只是一再对自己说"我不再为过去而忧虑"吗？不是！这样做只会迫使他想起过去的那些忧虑。他的方法是勇于承受一切，忘记失败，然后集中精力为未来制订计划。他开始重新经营百老汇的邓普赛餐厅和大北方旅店；安排和宣传拳击比赛；举办各种拳赛展览会。他让自己忙着做一些有意义的事情，这样他既没有时间也没有精力为过去担忧。"我过去10年来的生活，"杰克·邓普赛说，"比我当世界拳王的时候要快活多了。"

邓普赛先生告诉我，他读的书并不多，但正在不自觉地照着莎士比亚的话行事："聪明人永远不会坐在那里，为他们之前的错误而悲伤；相反，他们会很高兴地找办法弥补创伤。"

我阅读历史和传记，并观察一般人是如何渡过难关的，对那些能够忘记他们的忧虑和不幸并继续过快乐生活的人，我一直觉得既吃惊，又非常羡慕。

我曾经到星星监狱去过，那里最让我吃惊的，是囚犯们看起来和外面的人一样快乐。我当即把这一看法告诉了当时星星监狱的监狱长刘易士·路易斯。他告诉我，这些囚犯刚到星星监狱的时候，都心怀怨恨、脾气暴躁，可是经过几个月之后，他们当中比较聪明一点的人都能忘掉他们的不幸，安下心来在监狱生活，并尽量过好。路易斯监狱长告诉我，有一个在星星监狱菜园子里工作的犯人能做到一边种菜，还一边唱歌。

　　那个在种菜的时候唱歌的犯人，比我们大部分人都聪明得多，因为他知道在白纸上写完了一横一竖，即使你再有能耐也不能抹去半行，即使洒尽你的眼泪也擦不掉半个字。

　　所以，为什么要浪费你的眼泪呢？当然，犯错和疏忽是我们的不对，但这又怎么样呢？谁没有犯过错？就连举世闻名的拿破仑，在他所有重要的战役中也输过三分之一。也许我们的平均记录不会比拿破仑差，谁知道呢？

　　何况即使调动所有国王的人马，也不能挽回过去的失误。所以，让我们记住这条规则：

　　不要试着去锯木屑。

第 四 章

不要为工作和金钱而烦恼

HOW TO WIN FRIENDS AND INFLUENCE PEOPLE & HOW TO STOP WORRYING AND START LIVING

14. 做自己喜欢的工作

一定要记住，在做你生命中最重要而且影响最深远的决定之前，请务必多花点时间了解事实的真相。如果不这么做，那么你的下半辈子可能后悔不已。

这一章是为那些尚未找到理想职业的年轻人写的。如果你现在正处于这种状况，阅读本章将会对你未来的生活产生深刻的影响。

如果你还不到 18 岁，那么你可能即将面临两项决定——你生命中最重要的——将会深刻地改变你的一生；这两项决定可能会对你的幸福、你的收入、你的健康产生深刻的影响；这两项决定既可能造就你，也可能毁灭你。

那么，这两项重大决定是什么？

第一，你将如何谋生？你打算做一个农夫、邮递员、化学家、森林管理员，还是一名速记员、兽医、大学教

授，或是经营一个牛肉饼摊子？

第二，你将选择谁做你孩子的父亲或母亲？

这两项重大决定，通常像是赌博。哈里·艾默生·弗斯迪克在他的著作《透视的力量》中说："每个小男孩在决定如何度过一个假期时，就是赌徒，因为他必须以他的日子做赌注。"

怎样才能降低这种赌博性风险呢？继续读下去，我将尽可能地告诉你。首先，如果可能的话，要尽量寻找你所喜欢的工作。有一次我向轮胎制造商古利奇公司的董事长大卫·古利奇请教成功的第一要素是什么，他回答说："喜欢你的工作。"他说，"如果你喜欢你的职业，尽管工作的时间也许很长，但你丝毫不会觉得是在工作，而是在做游戏。"

爱迪生就是一个很好的例子。这位没有上过什么学的报童，后来却完全改变了美国人的生活。爱迪生几乎每天在他的实验室里辛苦地工作18个小时，在里面吃饭睡觉，但他一点也不觉得辛苦。"我一生中从未做过一天工作，"他宣称，"我每天都其乐无穷。"怪不得他会成功。

我曾听查尔斯·史兹韦伯说过与此相似的话，他说："如果人们从事他自己无限热爱的工作，他们都可以获得成功。"

可是，如果你对自己想做的工作还没有什么概念的话，又怎么能够对工作产生热情呢？艾德娜·卡尔夫人曾为杜邦公司雇用过几千名员工，她现在是美国家庭产品公司工业关系部副总经理，她说："我认为这个世界上最大的悲剧就是，有许多年轻人从来不知道他们真正想做什么。我认为如果一个人只是从他的工作中得到薪水，而在其他方面却一无所得，就有些可悲了。"甚至有一些大学毕业生到她那儿说："我获得了达茅斯大学的文学学士学位（或康奈尔大学的硕士学位），贵公司有没有职位适合我的？"他们根本不知道自己能做什么，也不知道希望自己做些什么。正因为如此，有许多人刚开始时雄心勃勃，充满了美丽的梦想，但到了40多岁却仍然一事无成，痛苦懊丧，甚至精神崩溃。

事实上，选择正确的工作甚至会对你的健康产生重要影响。琼斯·霍金斯医院的大夫雷蒙，配合几家保险公司做了一项调查，研究人们长寿的原因，他把"正确的工作"排在了首位。这一结论正好符合苏格兰哲学家克莱尔的名言："祝福那些找到自己心爱工作的人，他们已经不需再祈求其他的幸福。"

最近我和索柯尼石油公司的人事部经理保罗·波恩顿畅谈了一个晚上。他在过去20年中至少接见了75000个求职者，并出版了一本名为《获得工作的六个方法》的书。我问他："现在的年轻人求职时，所犯的最大错误是什么？"他回答说："他们不知道他们想干什么，这真是让人吃惊。一个人会费尽心思地选购一件穿几年才会破旧的衣服，但在选择一项关系他将来命运的工作时却马马虎虎——而他将来的全部幸福和安宁都建立在这项工作上。"

那该怎么办呢？你该如何解决这项难题呢？当然，你可以去向"职业指导"寻找帮助。不过，它也许可以成全你，也许会损害你，这完全取决于你所找的那位辅导员的能力和个性。这个新行业远远说不上完美，甚至连起步都谈不上，但它的前景十分美好。你该如何利用这项新发明呢？你可以在你家附近找到这类机构，然后接受职业测验，并获得求职指导。

不过，他们只能为你提供建议，最后的决定还得由你自己做出。要记住，这些辅导员并不一定绝对可靠。他们之间经常相互对立，有时甚至犯下荒谬的错误。例如，有一位职业辅导员曾建议我的一位学员当作家，原因是她掌握的词汇量很大。多么荒谬可笑！事情其实并不那么简单，优秀的作品将你的思想和感情传递给你的读者——而要想达到这个目标，不仅需要丰富的词汇，更需要思想、经验、说服力和热情。职业辅导员建议这位女孩子当作家，实际上只看到一个因素，这样只会把一位出色的速记员变成一位沮丧的准作家。

我在此想说明的一点是，那些职业指导专家——即使是你和我这样的人，也不一定绝对可靠。你最好多找几位辅导员，然后凭你的常识来判断他们的意见。

你也许会觉得奇怪，为什么我在本章中总是说一些令人担心的话。可是一旦你了解到多数人的忧虑、悔恨和沮丧都是由于不重视工作而引起的，就不会觉得奇怪了。关于这种情况，你可以问你的父亲、邻居，或是你的老板。智慧家约翰·米勒宣称，工人无法适应工作是我们这个社会"最大的损失之一"。是的，世界上最不快乐的人，就是那些讨厌他们本职工作的人。

你是否知道在陆军中出现"崩溃"症状的是哪类人？他们就是那些被分到错误工作单位的人——我所指的并不是那些在战斗中受伤的士兵，而是指那些在普通任务中陷入精神崩溃的人。威康·门吉博士是当代最伟大的精神病专家之一，他在第二次世界大战期间主持美国陆军精神病诊疗部的工作，他说："我们发现了军队中挑选和安置人员的重要性，也就是说要派适当的人去做适当的工作……最重要的是，要使此人相信他工作的重要性。当一个人对工作没有兴趣时，他会认为自己被安排在了一个错误的职位上，随之产生不受欣赏和重视的心理，他会认为他的才能被埋没了。我们发现，在这种情况下，即使他没有患上精神病，也会产生精神病的隐患。"

因为同一个原因，一个人也会在工作中陷入精神崩溃。如果他轻视他的工作和事业，他也可以把它弄得一团糟。

菲尔·琼森就是一个很好的例子。菲尔·琼森的父亲开了一家洗衣店，叫他来店里工作，并希望他将来能接管这家洗衣店。但菲尔不喜欢洗衣店的工作，所以很懒散消极，打不起精神，对工作应付了事，其他事情一概不管，有时干脆不来店里。为此他父亲十分伤心，认为自己的儿子没有野心，不求上进，使他在其他员工面前很没面子。

有一天，菲尔告诉父亲，他希望去机械厂工作，当一名机械工人。什么，一切又要从头开始？父亲十分惊讶。但菲尔还是坚持自己的意见。最后，他穿上了油腻的粗布工作服，干起了比洗衣店更加辛苦的工作，而且工作时间更长，但他竟快乐地工作中吹起了口哨。他开始选修工程学课程，研究引擎，安装各种机械。1944 年他去世前，已是波音飞机公司的总裁，并且研制出了"空中飞行堡垒"轰炸机，帮助盟国军队赢得了第二次世界大战。如果他当初留在洗衣店，那么他和洗衣店——尤其是他父亲死后——究竟会

变成什么样子呢？我想他会毁了那间小小的洗衣店。

还有一点需要注意的是，即使会引起家庭纠纷，但我仍然想奉劝年轻的朋友们，不要因为你的家人希望你做什么，你就勉强自己去干某一行业。不要贸然从事某一行业，除非你真的喜欢。不过，你仍然要仔细考虑父母给你的建议——他们的年纪比你大一倍，他们已经获得了丰富的智慧。但是到了最后阶段，你还得自己做最后决定。因为将来工作时，享受快乐或悲哀的是你自己。

我在前面已说了许多，现在让我给你提供以下一些建议——其中有一些是警告——以便你在选择工作时参考：

第一，阅读并研究以下建议，这是关于选择职业辅导员的内容。这些建议是由最权威的人士提供的，由美国最成功的职业指导专家基森教授拟定。

如果有人对你说他有一套神奇的方法，可以找到你的"职业倾向"，那你千万不要找他。这些人包括摸骨家、星相家、个性分析家和笔迹分析家，他们的方法并不灵验。

不要相信这种人，他们说可以给你先做一番测验，然后指出你该选择哪一种职业。这种人原本就已经违背了职业辅导员的基本原则。职业辅导员首先必须考虑被辅导人的健康、社会、经济等各种情况，同时还应该为被辅导人提供就业的具体资料。

找一位拥有丰富的职业资料藏书的职业辅导员，并在接受辅导期间充分利用这些资料和书籍。充分的就业辅导服务通常需要面谈两次以上。千万不要接受函授性质的就业辅导。

第二，避免选择那些早就很激烈并且拥挤的职业和行业。在美国，谋生的方法有两万多种。两万多种！但年轻人是否知道这一点？在一所学校内，有三分之二的男孩子选择了5种职业——两万种职业中的5种——而五分之四的女孩子也是一样。怪不得有少数行业和职业人满为患，也难怪白领阶层会产生不安全感和忧虑感，甚至患有"焦虑性精神病"。需要特别注意的是，如果你想进入法律、新闻、广播、电影等早已人满为患的行业时，你可要大费一番工夫。

第三，避免选择只有10%的生存机会的行业，例如推销人寿保险。每年有数以千计的人——往往是失业者——他们事先未打听清楚，就开始推销人寿保险。根据费城房地产信托大厦的富兰克林·比特格先生的描述，以下就是这个行业的真实情形——在过去20年，比特格先生一直是美国最杰出、最成功的人寿保险推销员之一。他指出，90%的推销员首次推销人寿保险时会既伤心又沮丧，而且会在一年之内纷纷投降。至于那些留下来的，10个人当中会有1个人可以卖出这10个人的销售总数的90%，而另外9个人只能卖出销售总数的10%。换句话说，如果你去推销人寿保险，那你在一年之内放弃、退出的机会比例为9：1，而留下来的机会只有十分之一。

而且即使你留下来了，成功的机会也只有百分之一而已，否则你仅能勉强度日。

第四，在你决定从事某个职业之前，先用几周的时间全面了解该项工作。如何才能达到这个目的呢？你可以去找那些已在这一行业中待了 10 年、20 年或 30 年的人士详谈。这些面谈对你的将来可能会产生极深的影响。我已经从自己的经验中了解到了这一点。在 20 多岁时，我曾向两位老先生请教职业指导。现在回想起来，我清楚地发现这两次会谈是我人生的转折点。如果没有这两次会谈，我的人生将会变成什么样子，可以说难以想象。

你该如何获得这种职业指导会谈呢？为了方便起见，假设你打算当一名建筑师。在你做出最后决定之前，应该花几个星期去拜访城里和附近的建筑师。你可以从电话簿中找到他们的姓名和住址。不管事先是否有约定，你都可以给他们的办公室打电话。如果你希望约见面时间，可以给他们写信，内容大致如下：

能否麻烦您帮我一个忙？我希望能接受您的就业指导。我现年18岁，正考虑将来当一名建筑师。在我做出最后决定之前，很希望向您请教。

如果您太忙，不能在办公室面谈，而愿意在您家中给我半小时，那我将感激不尽。

以下就是我想向您请教的问题：

如果您的生命可以重新开始，您是否还愿意当一名建筑师？

在您仔细观察我之后，我想请问您是否认为我具备
了当一名成功建筑师的条件？

建筑这个行业的求职者是否已经供过于求？

我学了4年的建筑学课程，要找工作是否困难？我应
该先接受哪一类工作？

如果我的能力中等，在前5年中我可以赚到多少钱？

当一名建筑师有什么利弊？

如果我是您的儿子，您会鼓励我当一名建筑师吗？

如果你很害羞而不敢单独去见"大人物"，那这里还有两项建
议，也许可以帮助你：

第一，找一个与你同龄的小伙子一起去。这样，你
们可以相互增加信心。如果你找不到同龄人，也可以请
你父亲和你一同前往。

第二，记住，你去向某人请教，等于是送给他荣誉，
他对你的请求会产生一种被奉承的感觉。记住，成年人
往往是很乐意向年轻男女提出忠告的，因此你所求教的
建筑师将会很高兴地接受这次访问。

如果你不愿写信，那么你无须约定就可直接去那人的办公室，
对他说如果他能为你提供一些就业指导，你将十分感激。

假设你已经拜访了5位建筑师，但他们都因为太忙而不能见你
（这种情形并不多），那么你不妨再去拜访另外5位。他们之中总
会有人愿意见你，给你提供宝贵的意见。而这些意见也许可以使

你免去多年的迷失和忧虑。

　　一定要记住，你这是在做你生命中最重要而且影响最深远的两项决定中的一项。因此，在采取行动之前，请务必多花点时间了解事实的真相。如果不这么做，那么你的下半辈子可能后悔不已。

　　如果你的条件许可，可以给对方付钱，以报答他半小时的帮助和忠告。

　　此外，要克服"你只适合一项职业"的错误观念。每个正常的人都可以在多项职业上取得成功，当然，每个正常的人也可能在多项职业上失败。拿我自己来说，如果我准备从事下列各项职业的话，我相信成功的机会一定很多。对于所从事的这些职业，我也一定深感愉快，这一类工作包括：农艺、果树栽培、科学农业、医药销售、广告、报纸编辑、教学、林业；另外，我认为对于以下工作我一定不会喜欢，勉强做了也会失败，它们是簿记、会计、工程、经营旅馆和工厂、建筑、机械，以及其他几百项职业。

15. 处理好金钱引发的烦恼

> 要知道，当某件事牵涉到你的金钱时，你就是在为
> 自己经营事业。而如何处理你的金钱，实际上也确实是
> 你"自己"的事，别人不能给你提供任何帮助。

如果我知道如何解决每个人的财务困难，我就不会写这本书，而是安稳地坐在白宫——坐在总统的身边。但我可以给大家做一点贡献，我可以引述各方面专家的权威看法，并提供一些切实可行的建议，提示你可以从何处获得有意义的书籍和小册子，使你获得额外的指导。

根据《妇女家庭月刊》杂志所做的一项调查，人们百分之七十的烦恼都和金钱有关。盖洛普民意调查协会主席盖洛普·乔治的研究显示，大部分人都认为只要他们的收入增加10%，他们就不会再有任何经济困难。在很多情况下确实如此，但是令人惊讶的是，有更多的情况并不是这样。

在写这本书时，我曾向预算专家爱尔茜·史塔普里顿夫人请

教。她曾多年担任纽约和詹培尔两地的华纳梅克百货公司的财政顾问，她还以个人指导员身份，帮助过那些受金钱拖累的人。她帮助过不同收入的人，从每年赚不到 1000 美元的行李搬运工到年薪 10 万美元的公司经理。她告诉我说："对于大多数人而言，多挣些钱并不能解决他们的财政困难。"事实上，我经常看到，在他们的收入增加之后，生活并没有什么大的改善，反而突然增加了开支——也增加了头痛之事。

"使大多数人感觉烦恼的，"她说，"并不是他们没有足够的金钱，而是他们不知道如何支配手中已有的钱！"

你对这最后一句话不屑一顾，对不对？好吧，在你再次表示轻视之前，请记住，史塔普里顿夫人并没有说"所有的人"，她只是说"大多数人"。她并不是指你，她指的可能是你的兄弟姐妹，他们的人数可就多了。

有许多读者可能会说："我希望你这家伙自己来试试看，拿我的周薪支付我的账款，维持我应有的开支。只要你试一试，我敢保证你会知道我的困难，不敢再夸口。"这也许不错，因为我也有过财政困难。我曾在密苏里州的玉米田和粮仓做过每天 10 小时的苦力。我辛勤地工作，累得腰酸背痛，而我当时所做的那些苦活累活，并不是每小时 1 美元的报酬，也不是 50 美元，也不是 10 美分——我当时拿的是每小时 5 美分，而且每天工作 10 小时。

我知道持续 20 年住在没有浴室、没有自来水的房子里是什么感受；我知道睡在零下 15 度的卧室中是什么感受；我也知道徒步好几里，为了节省 10 美分车费，以及鞋底穿洞、袜子打补丁是什么感受；我还尝过在餐厅里只能点最便宜的菜，以及把裤子压在床垫下是什么滋味——因为我没钱给洗衣店。

然而，我在那段时间里仍然勉强自己从收入中省下几个铜板，如果不那么做的话，心里就会不安。由于有了这段经验，我终于明白，如果你我希望避免负债，并不受金钱的困扰，就必须和那些公司一样，拟订一个开支计划，然后根据计划花钱。可惜我们大多数人都不能这样做。我的好朋友利冯·西蒙金向我指出，人们在处理财务问题时，往往会表现得十分盲目。他告诉我，他所认识的一个会计在公司工作时，表现得十分精明，但他在处理个人财务时却没什么计划。

比如这个人在星期五中午领到薪水，他会走到街上，看到商店橱窗中有一件他很喜欢的大衣，就毫不犹豫地买下来，但他从不考虑房租、电费，以及所有各项杂费迟早都要从这个薪水袋中抽出来支付。不过这个人也知道，如果他所工作的那家公司也像他这样以贪图目前享受的方式来经营，那公司一定会破产倒闭。

要知道，当某件事牵涉到你的金钱时，你就是在为自己经营事业。而如何处理你的金钱，实际上也确实是你"自己"的事，别人不能给你提供任何帮助。

那么，我们管理金钱的原则是什么呢？我们应该如何进行预算和计划呢？以下有11条规则：

规则一：把事实记在纸上。

亚诺·班尼特于50年前来到伦敦，他当时立志当一名小说家。那时他很穷，生活压力非常大，所以他把每一便士的用途都做了记录。他是想知道钱是怎么花掉的吗？不是，他是想做到心里有数。他十分喜欢这个方法，不停地做这种记录，甚至当他成为著名作家、富翁，而且拥有一艘私人游艇之后，还保持着这个习惯。

约翰·洛克菲勒也保持着这种记账习惯。他每天晚上祷告之前，总会记下每便士的用途，然后才上床睡觉。

你和我也一样，应该找一个本子来，开始做记录。难道要记一辈子吗？当然没有这种必要。有关专家建议，我们最起码要记下第一个月的详细开支账目——如果可能的话，可以持续3个月。这样做只是为我们保持一个正确的记录，好让我们知道那些钱都是如何花掉的，然后我们就可以根据它来做预算和计划。

你也许知道你的钱都花在何处了。但即使你知道，每1000个人当中也只有一个像你这样的人。史塔普里顿夫人对我说，当人们记下详细开支账目之后，他们通常会惊讶地叫道："天哪！我的钱难道就是这样用掉的？"他们真的不敢相信。

你是否也会这样呢？可能吧！

规则二：制订一项真正适合你的财务计划。

史塔普里顿夫人告诉我，假定有两家邻居，他们住同样的房子，甚至连家里的收入和人数也一样，但是他们的财务预算却有很大的差异。为什么会这样呢？因为人们的性格不同。她指出财务计划必须根据每个人的实际情况来制订。之所以要制订计划，并不是想赶走生活的乐趣，它的真正意义在于给我们一种安全感——物质上的安全感。在大多数情况下，物质上的安全可以带来精神上的安全和优越感。史塔普里顿夫人说："根据计划生活的人，一般都比较幸福。"

既然如此，你该如何制订计划呢？

首先，你必须将一切开支列出一张清单，然后请求指导。你可以给华盛顿的农业部写信索要这种小册子。在某些大城市，如密尔瓦基、克里夫兰、明尼亚波利斯，以及其他大城市的主要银行都有专业顾问，他们会很乐意地为你提供指导。

规则三：学习如何明智地花钱。

我指的是学习如何使你的金钱体现出最高价值。所有大公司都设有专门的采购员，他们不做别的事，只设法为公司买到最合适的物品。作为个人财产的主人，你为何不这样做呢？

规则四：不要因你的收入而多添烦恼。

史塔普里顿夫人告诉我，她最怕的就是被年薪5000美元的家庭请去做财务预算。我问她为什么，她说："因为每年收入5000美元似乎是大多数美国家庭的目标。他们可能经过多年的辛苦奋斗才实现这一目标——而当他们每年的收入达到5000美元后，他们认为自己已经'成功'了，于是开始加大花销，他们在郊区买房子，并说这'只不过和租房子花一样多的钱而已。'他们买新车，增添新家具，以及许多新衣服——等他们发觉时，已经进入赤字阶段了。实际上他们比以前更不快乐——因为他们增加的收入全被花光了。"

这是很自然的事。我们都希望获得更高的生活享受，但从长远角度来看，强迫自己在财务预算之内生活，或是让催账单塞满你的信箱，以及让债主猛敲你的大门，到底哪一种方式会带给我们更多的幸福？

规则五：如果你必须借贷，就设法争取银行贷款。

规则六：购买医药、火灾，以及紧急开销方面的保险。

对于各种意外、不幸，以及可以预料的紧急事件，你都可以购买小额保险。我并不是建议你对任何事件都投保。但我郑重地建议你为自己投一些主要的意外险，而这些保险的费用一般都很便宜。否则，万一出了事，不但花大笔的钱，也很令人烦恼。

有一个妇女，去年在医院里住了 10 天。等她出院之后，她收到的账单只有 8 美元。这是怎么回事呢？因为她有医疗保险。

规则七：不要让保险公司用现金把你的人寿保险支付给你的受益人。

如果你购买人寿险是为了在你死后能使家人有一份保障，那么我建议你，千万不要让保险公司将大笔现金一次性付给你的受益人。

"拥有许多钞票的新寡妇"结局会如何？就让马利翁·艾伯利夫人（纽约市人寿保险研究所妇女部主任）来解答这个问题。她曾在全国各地的妇女俱乐部演讲，呼吁不让寡妇领取大笔的人寿保险金，而改为领取终生收入。她指出这样做大有益处。她提到了有一位寡妇收到 20000 美元人寿保险金后，便把这些钱借给儿子从事汽车零件销售，结果儿子的生意失败了，现在她穷困潦倒，连一日三餐都难以保证。另一位寡妇被一位狡猾的房地产经纪人欺骗，她的大部分人寿保险金被拿来购买"保证在一年之内增值一倍"的空地。当她在 3 年之后卖掉土地时，只拿回当初的十分之一投资。还有一位寡妇，在领取了一年 15000 美元的人寿保险金之后，就不得不向儿童福利基金会申请补助款，以抚养她的子女。这样的悲剧真是数以千计，不胜枚举。

"当一个女人手里有了 25000 美元，平均不到 7 年，她就会全部花光的。"这是《纽约时报》经济编辑施维亚·波特在《妇女家庭月刊》上发表的文章中得出的结论。

多年以前，《星期六晚邮》在它的一篇社论中说："大家都知道，由于大多数妇女没有受过理财训练，又没有银行替她们拿主意，因此她们很可能在一个狡猾的掮客的游说之下，就贸然地把人寿保险金拿去购买股票。任何一位律师或银行家都可举出许多类似的例子：节俭的丈夫多年来省吃俭用存下来的钱，只因为他的遗孀或孤儿相信某位骗子，而转眼将其花光。"

如果你想在死后给妻子儿女的生活提供保障，何不向 J. P. 摩根学习呢？他是当代最伟大的金融专家之一。他把自己的遗产分别赠给了 16 位受益人，其中 12 位都是女性。他留给这些人的是现金吗？不，他留给他们的是有价证券，这样可以使这些人每月都得到固定的收入。

规则八：教育子女养成对金钱负责的态度。

我永远都不会忘记我从《你的生活》杂志中看到的一篇文章。它的作者史蒂拉·威斯顿·图特讲述了她如何教育小女儿养成对金钱负责的态度。她从银行索要了一本特别储蓄簿，将它交给了 9 岁的女儿。当女儿得到了每周的零花钱时，就将这些钱"存进"那本储蓄簿中，母亲则成了"银行"。然后，在那个星期里，当她要用钱时，就从这个账簿中"提取"，把余款详细记下来。小女孩不仅从这个活动中得到了许多乐趣，而且学会了如何对待金钱。

规则九：如果你是家庭主妇，也许可以在家中赚一点额外收入。

如果你制定好开支预算之后，发现仍然无法维持开支平衡，那么你可以做以下两种选择之一：你可以咒骂、发愁、担心、抱怨；或者想办法赚一点额外的收入。怎么做到呢？要想赚钱，可以寻找人们最需要而目前供应不足的东西。

家住纽约杰克森山庄的娜莉·斯皮尔夫人就是这么做的。1932年，她一个人住在一套有3个房间的公寓里，她的丈夫已经死了，两个儿子也都已经结婚。有一天，她去一家餐馆的苏打水柜台买冰激凌，发现那里还卖水果饼，但那些水果饼看上去实在让人不敢恭维。她问老板愿不愿向她买一些真正的家制水果饼，结果那人向她订了两盒水果饼。

"虽然我自己也是个好厨师，"斯皮尔夫人对我说，"但以前我们住在佐治亚州时，一直有女佣人，我亲自烘制饼干的次数也不过10多次。在那位老板向我预订了两盒水果饼之后，我向一位邻居请教了如何做苹果饼的方法。结果，那家餐厅的顾客对我的两盒水果饼赞不绝口，第二天餐厅就预订了5盒，接着，其他餐厅也陆续向我订货。在两年之内，我的事业发展到必须烘制 5000 盒饼才够满足客户需求。我单独一人在自己的小厨房里做这些事，每年的收入高达 10000 美元。除了一些做饼的原料之外，我一分钱都不乱花。"

由于烘烤饼的需求量愈来愈大，斯皮尔夫人不得不搬出厨房，租下一间店铺，还雇了两个女孩子帮忙。在世界大战期间，人们常常排一个多小时的长队，等着买她的家制食品。

"我从未有过这么大的快乐，"斯皮尔夫人说，"我一天在店里工作 12 小时至 14 小时，但我从不觉得厌烦。对我来说，这根本不是什么工作，而是生活中的一种奇异体验。我只是尽我的能力来使人们更加快乐，我的工作弥补了自我母亲和丈夫去世后给我留下来的空虚。我如此忙碌，以至于根本无暇忧愁或寂寞。"

我向斯皮尔夫人请教，是否其他烹调技术高明的家庭主妇也可以在余暇时，以同样的方式在一个 10000 人以上的小镇上赚钱？她回答说："可以。她们当然可以这样做。"

亚拉·斯林达夫人也有相同的看法。她住在伊利诺伊州一个 30000 人口的小镇梅梧市。由于丈夫病了，她必须赚点钱补贴家用。但她该怎么办呢？她既没有经验，也没有技术，又没有资金，只不过是个家庭主妇而已。她在厨房里以 10 美分的原料开创了自己的事业。她从一颗鸡蛋中取出蛋清，加上一些白糖，在厨房里做了一些饼干，然后将这些饼干带到学校附近，卖给正放学回家

的学生，一块饼干只卖一分钱。"明天多带点钱来，"她对学生们说，"我每天都会带着饼干来这儿。"在第一周，她不仅赚了4.15美元，同时也找到了生活的乐趣。她为自己和儿童们带来了欢乐，再也没有时间去忧愁了。

这位来自伊州梅梧市的家庭主妇有着很大的抱负，她决定往外扩展，找个代理人在繁华的芝加哥市出售她的自制饼干。她找到一个意大利人，羞怯而害怕地和他谈判。意大利人在街头卖花生，他耸耸肩膀，说他的顾客只要花生，而不是饼干。她给了他一块样品让他品尝，他很喜欢，于是开始替她出售饼干，第一天就为她赚了2.15美元。4年后，她在芝加哥开了第一间店铺，店面只有8尺宽。她晚上做饼，白天销售。这位以前相当羞怯的家庭主妇，从厨房的炉灶开创饼干工厂，现在已经拥有19家店铺——其中18家都设在芝加哥市最热闹的鲁普区。

我在此想说的是，娜莉·斯皮尔和亚拉·斯林达不仅没有为金钱而烦恼，反而采取积极主动的做法。她们以最简单的方式，从厨房开始，没有租金，没有广告费，也没有薪水。在这种情况下创业的女人，不可能被财务问题拖垮。

看看你的四周，你也许会发现许多尚未达到饱和的行业。如果你是一名优秀的厨师，你也许可以开一个烹饪培训班，就在你自己的厨房里教一些年轻女孩子，这也是一种赚钱之道，说不定上门求学的学生会络绎不绝呢。

有许多书教你如何利用空闲时间赚钱，你可去图书馆借阅。不管男人女人，都有许多机会工作，但我必须提出一句忠告：除非你有天生的推销才能，否则不要尝试去挨家挨户上门推销。因为大部分从事这种工作的人，最后都以失败而告终。

规则十：不要赌博——永远也不要。

我总是不理解那些想从赌赛马和玩吃角子机器上赢钱的人。我认识一个人，他购置了多台"单手土匪"游戏机，并依靠这些机器为生。对于那些天真地想打败这些骗钱机器的傻瓜，他除了蔑视之外，毫无同情。

我还认识美国最出色的一名赌赛马的老手，他是我成人教育班上的一名学员。他告诉我，根据他的一切经验，人们并不能从赌赛马中赚到钱。然而，事实上每年都有许多傻瓜，他们在赛马中赌掉了 60 亿美元的钱——刚好是美国在 1910 年全国总债务的 6 倍。这位赛马赌徒还告诉我说，如果想毁灭敌人，最好的办法就是说服这位敌人去赌赛马。我问他，如果有人根据赛马的内幕情报来下赌注，那结果会如何？他回答说："照这种方式来赌赛马，可以把整个美国造币厂都输掉。"

如果你非要去赌博，至少也要学得聪明一点，先找出胜算如何。如何寻找呢？你可以读一本名叫《如何计算胜负》的书，它的作者是奥斯华·贾科比，他是桥牌及扑克的权威、最高级的数学家、统计专家，同时他也是保险公司的统计顾问。这本书详细介绍了赌赛马、轮盘、骰子、角子老虎机、扑克、桥牌以及股票市场的胜算有多少。这本书同时也告诉你，在其他各种赌博活动中，你获胜的机会有多少。这些全都有数学依据，十分管用。作者别无企

图，并不是教你如何赌博，只是诚实地告诉你在赌博中你
失败的比例。当你获知这些失败的比例之后，你可能对那
些易于受骗的人产生同情，因为他们把辛苦赚来的钱扔到
了赛马、纸牌、骰子、角子老虎机上。

规则十一：如果我们不能改善自己的经济状况，不
妨宽恕自己。

如果我们不能改善自己的经济状况，也许我们可改
变心态。每个人都有自己的财务麻烦。我们可能会因为
经济条件不如别人而烦恼，但别人也可能因为比不上另
一家而烦恼，而这另一家又因为比不上那另一家而烦恼。

即使美国历史上最著名的人物，也有他们的财务麻
烦。如林肯和华盛顿都曾必须向人借贷，才能赶往首都
就任总统。

如果我们得不到自己希望得到的东西，不如放弃，
最好不要让忧虑和悔恨来打搅我们的生活，不妨原谅自
己，豁达开朗一些。根据古希腊哲学家艾皮利蒂塔的说
法，哲学的精华就是"一个人的快乐，应该来自尽可能
减少对外界事物的依赖"。罗马政治家及哲学家塞尼卡也
说："如果你一直觉得不满足，那么即使拥有了整个世
界，你也会觉得伤心。"

请记住，即使拥有整个世界，我们一天也只能吃三
餐，一次也只能睡一张床——即使是一个挖水沟的工人
也可以享受这些，而且他可能比"石油大王"洛克菲勒
吃得更有滋有味，睡得更加踏实安稳。